| 教 | 学 | 新 | 探 | 索 | 丛 | 书 |

裴娣娜 李长吉/主编

基于课程标准的学业成就评价的比较研究

JIYU KECHENG BIAOZHUN DE XUEYE CHENGJIU PINGJIA DE BIJIAO YANJIU

汪贤泽/著

教育科学出版社
·北 京·

总　序

改革开放三十年来，中国教学论学科发展进入了新的阶段，在开拓理论视野、转变教育观念以及探索新的研究方式和方法方面取得了许多重大的研究成果，中国教学论学科发展实现了从传统走向现代的历史性超越。

这套由浙江师范大学一批中青年学者撰写的《教学新探索丛书》，正是中国教学论学科建设中诸多研究成果之一。这套丛书的主要特点有如下几个方面。

1. 多视角聚焦学科前沿

丛书不仅涉及学科建设的概念与范畴、理念与方法的问题；而且涉及教学的应用性与技术性层面的问题，主要解决学科建设的实践性问题。针对已经进入研究者视野的教学论原理、体悟教育、学生自主、实践教学、学业评价、信息技术课程实施、数学教学的文化取向、历史教学思想等问题，研究者重新思考其中具有研究范式转变意义的重大变革，这对于促进教学论学科发展具有重要意义。

2. 追求原创意义的研究成果

近年来，我国教育科学界一直在追求具有原创意义的研究成果。难能可贵的是，相对人们耳熟能详的传统教育思想和教育实践而言，此套丛书的作者们已经初步创建了具有原创性的教育话语体系，如《教学论思辨》一书对教学主体、教学内容、教学历程、教学方法以及教学研究等方面进行了形而上思考；又如《体悟教育研究》，立足于个体文化生命的生成与提升，从认识论角度考察悟性认识现象，关注教育过程中意义的建构；在《自主的学生：学校教学生活中的现实建构》一书中，作者从自我伦理、权利自我、能力技术三个层面，将“学生自主”定位于学生个体的一种学习与生活状态乃至其生存态度和生存方式，实质在于使学生真正成为富有人格尊严、自由精神、独立自主、个性丰富，具有创造性和建设性的自在自为的存在者，成为自我的权利主体和责任主体，等等。这些新概念、新思想、新观点有利于开拓人们的学术视野，引发人们在教学论学科发展的一些基本问题上做更深层次的思考。

3. 基于实践又高于实践，具有对教学实践问题的解释力、预测力和指导性

教学论学科发展研究既需要清晰而独特的理论视角，又需要深入地关注实践，要有对教学实践问题的解释力、预测力和指导性。丛书各册的研究没有停留在直觉的把握、经验的感悟上，而是基于实践又高于实践。研究者从理清结构、把握关系的角度，运用理论对教学现象进行分析、抽象和提炼，依据变革性实践以及对理论逻辑的充分论证，关注理论的原点和实践的原点，提高了教学论研究的学理性与科学性水准。

丛书中这些著作大多数是在博士论文的基础上进一步修改、补充和完善而成的，因此选题精当，议题相对集中，思路明晰，内容翔实，研究方法合理，为进一步深入研究教学理论与实践问题开辟了新的视角和思路。

教学论学科的发展，首先要确立自觉的学科意识，通过专题性研究实现我国教学理论与实践研究在研究主题、价值功能和研究范型三个方面的重要转换，这是学科发展的一项基础性工作。教学论学科问题涉及多个方面，不可能指望通过一套书或几篇论文就可以解决，这套丛书只是一个新的开始，有许多问题尚待进一步深入细致的研究。当然，要全面揭示教学理论与实践若干基本问题的内涵和实质，还需要通过实践不断检验和完善。

未来是美好的，但需要我们去创造。我们期望有更多的中青年学者通过自己开拓性的研究，加快教学论学科的建设与发展。我们要提倡批判、突破与超越，提倡实践、探索与反思，使我们从事的事业不断创新发展，我想，这正是我们出版这套丛书的基本出发点。

裴娣娜

2009 年 6 月

目　录

前　言

国家课程标准是“新课程改革”的一个重要文件，也是我国基础教育课程发展史中一块极其重要的里程碑，它的颁布使我国中小学教育产生了极为深刻的变化。课程标准还是我国素质教育在相应阶段的质量标准，是课程实施、课堂教学和学业成就评价的依据。但课程标准本身是一种政策文本，制定了课程标准，并不能保证我们的教育教学和学业成就评价就是依据课程标准的。尤其是学业成就评价作为推动基于标准的教育改革的直接工具，如果它的编制和实施是不依据课程标准的话，那么，我们期待的在教育实践中落实素质教育的目标就成了一句空话。由于基于课程标准的学业成就评价本身是一个庞大的研究领域，而从评价实践角度来看，基于课程标准的成就测验的编制与实施程序是其中的关键，因此，我们研究的焦点就集中在如何实施的实践环节上。

学业成就评价改革是素质教育改革的重大难题，也是世界各国共同关注的教育改革的核心话题。在教育领域，自从教育评价诞生的那天开始，学业成就评价就作为教育评价的首要内容出现在世人面前，并作为教育评价的核心内容一直延续到今天。在世界教育评价理论演进的近百年里，每一次比较大的教育改革活动均伴随着教育评价的理论和方式方法的改革。

从当前学业成就评价的主要形式上看，以升学为中心的各种考试仍然是学业成就评价的重要手段和主要形式，尤其是以考试成绩代替学业成就的现象较为普遍。当我们把这种考试分数作为学生升学和学校考核的唯一依据之时，考试的威力更加突出，其他任何一种评价都失去了它的功效。大多数考试的内容仅仅反映知识层面的死记硬背的知识，考生们为了能考出好的分数不得不适应考试本身的形式，应试学习的症状异常突出。

通常在人们的意识里，学生随着年级的提升他们的学业成就水平也在不断地提高，这种程度的进步就是我们平常所说的学业成就，而在特定的一段时间内的进步程度，就每个学生而言，也自然是有差别的。这里面的差别主要是由社会经济背景、学校与教师的教育教学造成的，因此，对学生的学业成就的认定和分等就成为了学校教育质量的代名词。当然，以准确的学生学业成就信息来评价学生和学校是无可厚非的。但是，就我们目前现有的评价意识和技术来说，这里面的问题就太多了。更为严重的是，由于现在的教育管理部门、学校与教师等没有掌握真正的教育质量监控手段，过多过滥的统考、单元测验、校际联考及其排名冲击着学生的日常生活，给学生造成极大的心理压力和负担。

从成熟的教育质量监控或评价体系来说，它必须要有一套成熟的考试理论和技术。我们作为世界上最大也是最早的考试大国，教育评价的现状并不令人满意。因为，我们没有一支专业的评价队伍，没有成熟的评价信息收集和处理的技术或软件，没有完整的评价指导框架，没有促进学生学习的评价信息反馈系统（包括向家长、学校、学生和社会反馈），没有与之匹配的问责系统；有的却是没完没了的班级排名，学校排名，题山题海，怪题偏题。似乎，不把学生考倒，就不能体现命题者的水平。

正是基于这种情况，第八次课程改革提出了一个重要的概念——课程标准。课程标准就是为了要让教师和学生都知道每一学科在特定阶段对他们的特定要求，学生学完之后，如果达到了课程标准的要求，那么他们的学习就是有质量的。既然我们还不具备成熟的评价的技术和模式，那么，何不利用现有的课程标准让大家教得明白，学得明白，考得明白呢！虽然自从课程改革后，“新课程”就成了广大教师和教育工作者挂在嘴边的话语，但是如何利用课程标准来教得清楚、考得满意却始终被有意无意地忽略了。这其中，大家不知该如何基于课程标准来评价学生的学业成就是主要原因之一。故而，当下研究基于课程标准的学业评价技术、模式或实践是迫切的，也是必需的。

本书分为三大部分。第一部分“走进基于课程标准的学业成就评价”，着重交代为什么要研究基于课程标准的学业成就评价程序。第二部分“基于课程标准的学业成就评价的国际经验与比较”，包括第二章至第六章，是承上启下的部分。这部分主要梳理国际上关于基于课程标准的学业成就评价是如何组织、实施的，试图为第三部分的具体评价程序的研究提供基础。第三部分“基于课程标准的学业成就评价的实施程序”，包括最后三章，在国际经验与比较的基础上，从外部考试层面深入探讨基于课程标准的评价的几个主要环节的具体内容。

第一章

走进基于课程标准的学业成就评价

自 20 世纪 80 年代后期以来，许多国家在基础教育改革中都不约而同地将课程标准放在一个非常突出的位置。我国在新世纪也进行了规模空前的第八次课程改革，课程标准是其中的一个重要文本。在课程改革的推动下，形成基于课程标准的学业成就评价的意识并不困难，让基于课程标准的学业成就评价进入政策层面甚至更容易，但要在实践中落实基于课程标准的学业成就评价恐怕并不容易，我们需要走进这片亟待开拓的研究领域。

课程标准的出现是我国第八次课程改革的亮点之一。课程标准规定了学生在一段时间的学习后所应达到的结果（包括应知和能做），反映了对学生学习的期望。因此，课程标准必然成为教学的重要依据，必然成为评价学生学业成就的重要依据。

因第八次基础教育课程改革，课程标准开始重新进入广大教育工作者的视野，特别在众多一线教师的眼中，课程标准甚至成为课程改革的代名词——很多教师习惯上将新课程称为“新课标”就是一个明证。这与课程改革设计者原本的构想并不相悖——让课程标准在教师的教学工作中发挥重要作用本来就是课程改革设计者的核心期望之一。然而，不幸的是，尽管教师们经常将新课程称为“新课标”，但课程标准似乎并未对其教学产生重要的影响。

产生这种情况的原因可能很多，比如传统的力量和教师惯常的教学方式，又比如课程标准本身所存在的问题，但不可否认的是，课程标准之所以未能对教师的教学产生影响，重要的原因在于课程标准未能对学生的学业成就评价产生影响。换言之，我们的学业成就评价没有基于课程标准，新课程背景下的学业成就评价并未产生太多的变化，有很强的目标意识——本质上对评价的高度关注的教师自然会以习惯的方式去应对。而这正是理想的课程方案到了实践层面变得不再理想的关键原因之一。

所幸的是，学生学业成就评价必须基于课程标准，这不仅已经进入决策者的意识，而且正在进入政策层面。教育部教基［2002］26号文件《教育部关于积极推进中小学评价与考试制度改革的通知》规定“初中毕业、升学考试命题必须依据国家课程标准”，而2008年4月教育部教基［2008］6号文件《教育部关于深入推进和进一步完善中考改革的意见》进一步明确规定“学业考试的命题要严格依据学科课程标准”。这意味着，基于课程标准的学业成就评价也必将进入实践层面。

然而，形成基于课程标准的学业成就评价的意识并不困难，让基于课程标准的学业成就评价进入政策层面甚至更容易，但要在实践中落实基于课程标准的学生学业成就评价恐怕并不容易。归根结蒂，还是执行力的问题。只是这里的执行力不仅是执行的意识，更重要的是执行能力的薄弱——当前还明显缺少关于基于课程标准的学业成就评价的知识基础。

在这种背景下，实践层面如何实施基于课程标准的学业成就评价就必然成为一个焦点问题，成为课程改革推进中的关键性问题。

一、基于课程标准的学业成就评价的缘起

(一) 基于标准的改革：国际的动因

自 20 世纪 80 年代后期以来，许多国家在基础教育改革中都不约而同地将课程标准放在一个非常突出的位置。原来没有国家课程标准或严格的地方课程标准的国家（例如美国）采取行动，大力开发和制定相关的课程标准，构建完整的课程标准体系。原来已有教学大纲或教学指导纲要之类课程教学指导文件的国家（例如中国和俄罗斯），转而编制和改用课程标准。原来已有课程标准的国家（例如法国）则修订或研制新的课程标准，完善课程标准的体系。一场以编制课程标准为起点，依据课程标准开展课程、教学、评价和教师专业发展等方面改革的国际性运动得以形成。这也就是我们通常意义上所说的“基于标准的改革”（standards-based reform）。

为什么会出现这种以编制和推行课程标准为中心的改革现象呢？从历史意义上来说，一个国家或群体采纳一整套的标准有三条理由：保证质量、阐述目标和促进变革。① 对于课程标准来说，所有的三条理由都有相同的重要性。

首先，标准通常被用于确保公众不受到低质量的公共产品的威胁。例如，每一个药品生产商必须经过某些非常严格的药品检验标准（它们既包括对药品生产过程的控制，也包括提供药品的有效性的证据）的检验后，才被允许出售该药品。在这种意义上，标准就是质量的最低限度的或者说最起码的判断依据。它们为产生期望的结果提供必要但不充分的条件。课程标准规定了学生在一段时间的学习后应当达到的结果，本质上是对学校教育“产品”的质量的规定。其次，标准常常被用来作为表示有关目标的期望的一种工具。例如美国心理学会等编写的《教育与心理测验标准》（*Standards for Educational and Psychological Testing*）就反映了对测验工具、测验过程、测验结果运用等方面的质量的期望，实际上也就是对测验工具、过程、结果运用等方面应达到的品质目标的期望。课程标准规定了学生应知和能做的，也反映了对学生应达成的目标的期望。再者，标准常被用来引导群体朝着一些新的期望的目标前进。例如，医学界基于技术、研究等领域的变更，周期性地调整准入标准，以保证新进人员的质量。其背后的期望则是医疗实践和医学教育实践的变革和改善。课程标准的确立也同样指向于落实新课程的理

---

① 全美数学教师理事会. 美国学校数学课程与评价标准 [M]. 人民教育出版社数学室，译. 北京：人民教育出版社，1994：1.

念，扩展学生学业成就的范围，提升学生的学业成就水平，促使教师教学行为的变革。

从不同国家来看，除了时代性的一般特征影响外，还会有更直接的原因。一个大家都认可的观点是：我们学校教育不够好，必须要做点什么来使它变得更好。设置更高的学业标准是提高学生学业成就的途径之一。例如，在这场基于标准的改革运动中表现最为急切和投入的美国，它设立标准还有四个重要原因。其一，国际比较下的危机意识。美国认为，其学生所参加的多次国际性的学业成就评价［主要有“国际数学和科学学业评价”（The Trends in International Mathematics and Science Study，简称 TIMSS）和“国际学生评价计划”（Programme for International Student Assessment，简称 PISA)］表明，美国学生在数学、科学等核心学科的成绩已经落后了。同时美国也将其他国家学生的优异表现归因于那些国家都有明确的课程标准或课程管理政策，以及在课程评价和教师培养等方面有一系列一致的做法。美国决定学习和借鉴他们的做法。① 其二，本国改革和试验的成功经验。例如，美国在 20 世纪 80 年代进行了大范围的“学校效能与改进”（School Effectiveness and Improvement）运动以及小范围进行过国家倡导的“先修计划”（The Advanced Placement）试验。它们包含有高标准、高期待，并在课程、测验和教师专业发展等方面相互连接，以提高学生的成绩。② 相关的试验取得了明显的成功。其三，系统改革的需要。20 世纪 90 年代是美国对基于标准的改革呼声最高的时期，也是改革集中进行的时期。这一时期的改革经验表明，单是提出毕业要求，而不在课程方案、学业成就测验、教师专业发展等方面进行系统改革，并不足以改变现状，而课程标准能够将上述各方面的改革连接在一起。有系统改革的研究者对此进行了阐述：“基于标准的改革来自于这样一种常识性的看法，即学生的努力和成绩水平直接反映所设定的要求的影响。因此，基于标准的改革要求设定学术性学科领域的课程标准，作为提高学生成绩的一种重要手段。一旦有了一致的课程标准，人们可以通过聚焦学生、教师和学校的努力，依据课程标准监测教育进展情况，从而使课程标准对学生成就产生影响。”③ 其四，围绕课程标准的改革可以促进教育的平等、维护民主和提升国民的文化水平，为日益多样化的人口提供共享的

---

① Stecenson，H. W. A Study of Three Cultures：Germany，Japan，and the United States－ An Overview of the TIMSS Case Study Project ［M］. Phi Delta Kappan，1998 (3)：524.

② Campbell R. F. & Fleming T. Newell . A History of Thought and Practice in Educational Administration ［M］. NY：Teachers College Press，1987：22.

③ Mclaughlin，M. ，e tal. Improving Education through Standards－based Reform ［M］. CA：National Academy of Education，Stanford University，1995：1.

价值和知识。

美国基于标准的改革运动从克林顿（Bill Clinton）执政时期 1989 年的教育峰会算起，持续了二十一年，已经形成了相当大的社会影响。在课程标准和测验的编制和实施方面取得了明显的进展。美国先是在 1996 年完成了所有核心学科的全国性课程标准的编制，提出了根据课程标准对学生进行统一的学业成就测验的设想，然后，又在州层面上编制了课程标准和基于课程标准的测验，并在部分学段推行州的学业成就测验。2001 年美国颁布的《不让一个孩子掉队法》（No Child Left Behind Act，简称 NCLB）更是将基于课程标准的学业成就评价（考试）作为让美国学生的学业成就达成“世界级的高标准”的重要工具。

（二）基于课程标准的学业成就评价：我国的缘起

基于课程标准的学业成就评价之所以能在我国成为一个话题乃至课题，当归因于启动于 2001 年的新中国第八次基础教育课程改革。

1996 年－1998 年，教育部基础教育司在完成了对我国九年义务教育课程方案实施状况的调查研究后指出，随着时代的发展，我国基础教育的课程已经到了非改不可的地步了。接下来，用了两年多的时间研究制定了课程改革的指导性文件《基础教育课程改革纲要（试行）》、义务教育阶段 18 科的课程标准（实验稿），开展编审各科的实验教材等工作。2001 年，在全国试验区中试行了“新课程”，并在 2004 年开始在全国全面推进义务教育新课程。2003 年，颁布了《普通高中新课程方案（实验）》以及 15 个学科的课程标准。2004 年，在 4 个省的实验区进行了普通高中新课程改革试验，截至 2008 年，全国已有 20 个省（直辖市、自治区）的所有普通高中的起始年级实施了新课程。此外，也相继推出了一些课程管理、考试管理方面的配套性文件。至此，我国基础教育阶段已经全面进入了“新课程”。①

国家课程标准是“新课程改革”的重要文件，也是我国基础教育课程发展中一块极其重要的里程碑。它具有如下性质：“课程标准主要是对学生经过某一学段之后的学习结果的行为描述，而不是对教学内容特别是知识点和单项技能的具体规定；课程标准主要规定某一学段或年级所有学生在教师的帮助下或在自己的努力下都能达到的要求，它是面向全体学生的共同的、统一的基本要求；课程标准主要服务于评价，是国家对国家或地方的课程质量、学校教育质量、教师教学质量、学生学习质量进行评价的依据，它统领

① 崔允漷，汪贤泽. 基础教育课程改革的意义、进展及问题. 全球教育展望［J］. 2006（1）：31－36.

课程的管理、评价、督导与指导，具有一定的严肃性和正统性。”①

课程标准开始取代原来的教学大纲，对教育实践到底意味着什么？或者我们期望课程标准能对教育教学实践产生什么影响？对此，《基础教育课程改革纲要（试行）》做出了明确的回答：“国家课程标准是教材编写、教学、评估和考试命题的依据，是国家管理和评价课程的基础。”

因此，基于课程标准的学业成就评价就成为了新课程实施中的一个必然选择，成为学生学业成就评价改革的一个必然走向。然而，即便如此，基于课程标准的学业成就评价却未能随着新课程的启动而即刻成为实践和理论研究中的话题，更未成为课题。基于课程标准的学业成就评价成为课题是新课程改革实施四年以后的事了②——要知道，2001 年之前的 52 年中新中国已实施了 7 次课程改革，每两次改革之间的间隔平均才 7 年！而在今天，基于课程标准的学业成就评价依然是一个前沿课题，因为除了华东师范大学课程与教学研究所的两个课题及相关研究成果，其他的相关研究成果依然非常少见。

二、基于课程标准的学业成就评价的研究现状与问题

（一）国际研究的现状与问题

20 世纪 90 年代以来，国际上在酝酿和开展基于标准的改革过程中，出现的关于基于标准的学业成就评价的研究成果相对较多，但并不高度聚焦，而是涉及基于标准的评价的方方面面。主要的研究集中于以下几个方面。

其一，为政府改革立法或决策所做的研究。在这一轮基于标准的改革前后，很多国家都展开过一些比较研究和调查研究。这些研究的成果最后以某种形式反映在有关的改革立法或指导性文件当中。例如，美国的《2000 年目标：美国教育法》（*Goals 2000：American Education Act*）、《不让一个孩子掉队法》其中就有对国家实施的统一根据课程标准开展学业成就评价的要求。澳大利亚《学校协助行动法》（*School Assisstance Act Regulations*）也明确提出用统一的考试来评价学生的学业成就。英国 1988 年的《教育改革法》（*Educational Reform Act*）和后来的 1999 年的《国家课程改革草案》

---

① 钟启泉，崔允漷. 新课程的理念与创新——师范生读本［M］. 北京：高等教育出版社，2003：67－68.

② 2005 年，华东师范大学课程与教学研究所钟启泉教授题为《素质教育课程评价体系研究》的教育部哲学人文社会科学重大攻关项目和崔允漷教授题为《基于课程标准的学生学业成就评价体系研究》的教育部人文社会科学研究重点基地重大项目开始使“基于课程标准的学生学业成就评价”成为课题.

(*National Curriculum Reform Draft*) 等，对英国的教育评价产生过重大的影响。

其二，为推行基于标准的改革而作的应用性研究。例如，《怎样在课堂中运用标准》，《成功地运用课程标准：把课程、评价和行动计划联系起来》，《如何在标准、评价和学生的实际成绩之间建立联系》，《课堂中的基于标准的评价、等级评定与报告》等。[①] 还有一些是调查研究分析，例如美国教师联合会于 2001 年发表的《让标准起作用：2001 年报告》(*Making Standards Matter* 2001)。以上两种类型的研究，只能说是关注了基于课程标准的评价问题，但是整体上是比较零散的。

其三，对基于课程标准的评价系统开展研究和实践。例如，美国西北地区教育研究和发展办公室 (West Office of Education Resarch and Development，简称 WestED) 于 2000 年发布的《开发基于标准的评价体系手册》(*Developing an Standards －based Assessment System：A Handbook*)；美国中部地区教育研究实验室 (Mid－continent Regional Educational Laboratory，简称 McREL) 于 1998 年出版的《设计一个可持续的基于标准的评价体系》(*Designing a Sustainable Standards －based Assessment System*)；美国州层面根据课程标准所作的评价研究，如加利福尼亚州教育部于 2000 年发表的《加州公立教育系统中的学生评价和成就》(*Student Assesment and Student Achievement in Califonia Public Education System*)；英国课程与资格局 (Qualifications and Curriculum Authority，简称 QCA) 于 2006 年发布的《国家课程评价管理框架》(*National Curriculum Assessemnt Regulatory Framework*) 等，以及一些专业机构，例如美国国家教育进展评估 (NAEP) 开展的评价实践，都属于这种类型的研究。其主要的研究内容反映在表 1 内。

当然，对基于课程标准的学业成就评价的研究文献远不止上面罗列的几种材料。但是从总体上来看，存在这样一种趋势——在课程标准颁布的前提下，出于问责或者提高教育质量的考虑，人们都比较关注如何通过设计、开发符合课程标准要求的学业成就测验来对学习做出评价。尤其是在课程标准制定好以后，建立有关的评价程序来保证学业成就评价能基于课程标准是其中一个重要的议题。然而，由于研究的背景、角度和目的各不相同，对评价程序的研究内容和侧重点也各不相同，还没有比较完备的或者能给现有的实

---

① Judy F.，et al. Succeding With Standards：Linking Curriculum，Assessment and Action Planning [M]. ASCD，2001. Douglas E. How to Use Standards in the Classroom [M]. ASCD，1996. Mcmumn Nancy，et al. Standards－based Assessment，Grading，Reporting in Classroom [R]. Annual Meeting of the American Eduactional Research Association. Rothman Robert. How to Make the Link between Standards，Assessment and Real Student Achievement [M]. EDRS，1998.

践提供一种统一的框架的成果出现；而且对评价程序的各个环节的具体内容还缺乏研究，例如课程标准的分解、测验的编制和实施、结果的处理和报告等。尽管在国际上还没有完整的关于基于课程标准的评价程序的研究成果，但是国际上已有的那些研究和实践经验能为我们提供参照。

表1　几种研究的内容或维度

机　构	研究的内容或维度
QCA	评价的机构和职责、课程标准、测验的编制与实施、数据的收集和报告、评价过程的监控
WestED	标准的分析、有效评价的特征、编制书面评价题、编制累积性的评价、建立有效的评分系统、报告学生的成绩、基于标准的评价系统的支持
McREL	学习者分析、谁对学习者负责、问责性评价的角色和类型、成就水平的设定、课堂评价的角色、学生成就信息是怎样评分的以及测验、评分和报告的安排
CED	建立基于标准的有效评价系统的历史发展过程、加州学生学业成就评价系统评什么、学生的成绩与表现、未来的评价与问责

（二）国内研究的现状与问题

从理论研究层面看，国内在课程标准研究的基础上关于课程的实施和课程标准的实施研究有了比较明显的进展，尤其是在课程标准框架与陈述方式的研究方面已经开始超越原来的观念和实践。但是关于如何在实际教育中执行课程标准，如何根据课程标准进行学业成就评价的研究还非常少。国内所能找到的有关基于课程标准的学业成就评价的研究成果主要集中在华东师范大学课程与教学研究所承担的教育部哲学人文社会科学重大攻关课题《素质教育课程评价体系研究》，以及教育部人文社会科学研究重点基地重大项目《基于课程标准的学生学业成就评价体系研究》这两个课题内。

综观现有的研究成果，仍存在不少问题，主要体现在以下几个方面。第一，“基于课程标准的学业成就评价”的概念有待进一步明确，关键是怎样理解“基于课程标准”，基于课程标准的评价与现有的学业成就测验或考试到底有什么区别。第二，基于课程标准的学业成就评价的基础理论研究还很薄弱，还无法从认知理论、教育心理测量理论等角度为基于课程标准的学业成就评价提供心理机制和教育过程等方面的依据。第三，基于课程标准的学业成就评价如何为不同的具体学科提供命题技术，这仍然是一个难题。第四，如何加强在基于课程标准的学业成就评价背景下的教学研究？基于课程标准的学业成就评价对教学实践提出了新的挑战，那么评价方法、教学方式该做何种改变？

另外，从评价实践环节来看，现有的学业成就评价存在目标错位和评价质量低下等问题，基于课程标准的学业成就评价的实施仍然任重道远。

目前在教育实践领域，考试仍然是学业成就评价的主要形式和工具。应该说，指向于不同目的的考试需要不同的考试方式、考试工具和考试程序，考试的目的决定了其所采用的设计方式，试题难度、覆盖面、对象的数量、实施频度、题型、内容和评分上的标准化程度、参照系统等设计元素都与考试的目的直接相关。① 令人遗憾的是，本应以通过对照课程标准来促进学习为目的的基于课程标准的学业成就评价在现实中却普遍采用了为选拔而设计的考试模式，考试不仅采用了选拔考试的形式，而且借助于选拔考试中的实施方式、评分方法来实施学校课堂层面的评估，甚至用选拔考试的解释方法来解释考试的结果。"这样一种考试模式更多关注结果的可比较性和公平性，很少考虑对学习的加强和支持，本质上是一种'对学习的评估'，而不是'为学习的评估'。它只能鼓励学生对事实性知识的掌握，鼓励再生他人的观点，激励'肤浅的学习'，不能导致对'高等级的思考技能'的学习；当考试具有高利害关系时，教师常被鼓励去追求更高的分数，'为考而教'，而不是去更好地理解学生学习上的困难；一些消极的甚至不合伦理的实践就成为学生学习中的常态：记住过去的试题及其答案、猜测可能的题目，甚至作弊。在这种情况下，最完美、最有效的考试却导致最糟糕的学习。"②

从国内研究者进行的《我国义务教育阶段学生统考情况的调研报告》来看，在义务教育阶段的统考中，大量存在组织混乱、考试频繁、涉及的年级过多、考试内容不依据课程标准、命题人员主要是教研员（评价素养较差）等问题。③ 而且，从现有的评价工具（考试）的编制来看，其遵守的要求主要还是标准化考试的规范。评价的内容超出教学目标所要求的内容；题型沿用大规模选拔考试中的题型，以选择、简答等所谓的客观性题型为主，因此一些教学目标所要求的重要的内容经常会被排斥在考试之外，因为这些内容很难用所谓的客观性题型来体现；考试内容的选定比较随意，没有一个明确

---

① Lockheed, M. E. Assessment and Management: World Bank Support for Educational Testing [M] // Little, A. and Wolf, A. Assessment in Transition, Elsevier Science Ltd: 29-30.

② 王少非. 校内考试监控研究 [D]. 上海：华东师范大学，2007：8.

③ 这一研究成果请参见崔允漷教授于 2008 年 1 月主持完成的《我国义务教育阶段学生统考情况的调研报告》，这一研究调研了全国 29 个省（自治区、直辖市）的情况，能比较真实的反映我国的统考质量情况.

的试题领域规范；对成绩的解释仍然是比较不同群组的学生的表现；考试的结果对学生的学习和教师的教学没有起到应有的反馈作用。

之所以会出现这样的问题，对什么是基于课程标准缺乏深刻认识固然是很重要的原因，但更主要的是实践中目前没有一个比较成熟的开发基于课程标准的学业成就评价的程序。有了相应的程序，人们就会比较容易学习。因此，提供一个开发基于课程标准的评价程序，就成了实施基于课程标准的学业成就评价的研究追求之一。

三、基本概念

(一) 学业成就

教育的任务是使学生在经过一定时期的学习后，知识更丰富，技能更发达，并形成良好的学习态度、习惯和思想品格等。教育的过程也就是使学生在知识、技能、态度和品格等方面朝向预定的目标变化的过程。学业成就一般主要是指知识、技能方面的成就，但是在目前的研究领域对学业成就的界定更倾向于综合。

例如，古德曼和齐墨曼（Goodman，R. H & Zimmerman，W. G）认为定义学业成就时必须超越现有州测验或者其他标准化考试测量的学术成就（如高级思维技能、智力上的好奇和创造），还要将工作技能、公民意识（如投票、社区服务、遵守法律）、艺术欣赏、性格和价值观的形成（如同一性、责任、爱国、职业道德）等纳入学业成就之中。① 伍德（Wood R.）也认为“学业成就是在学校中取得的，因而需要在这个背景中来认识它。这意味着要注意非认知因素”。② 国内学者李玉芝认为：“学业成就就是学生学习成果的重要方面，它包括知识、技能，也包括兴趣、态度、习惯等诸多方面的成就，这是较广义的理解。”③ 实际上，我国当前中小学各学科课程标准就是从知识与技能、过程与方法、情感态度与价值观三大目标领域来描述对学生学业成就的期望的。

应该说，在教育理论和实践领域中强调学生的学业成就不只限于智力或者学术表现，而是整体化和全面化的表现，是符合教育规律和时代潮流的。

---

① Goodman，R. H & Zimmerman，W. G. Thinking Differently：Recommendations for 21 Century School Board/Superintendent Leadership，Governance and Team for High Student Achievement，NESDC. http：//www. aft. org/edissues/standards/MSM2001/index. htm.

② Wood R. 测验的类型［M］//简明国际教育百科全书：教育测量与评价. 许建钺，等，译. 北京：教育科学出版社，1995：181.

③ 李玉芝. 评价学业成就的方法［M］. 北京：光明日报出版社，1989：4.

虽然在本研究中，限于研究的能力，主要以大规模考试的方式来评价学业成就，但是在评价设计上会尽可能从内容的选择、安排以及各种题型的选用等方面对学生的高级思维技能和行动有所体现。

（二）课程标准

在西方基于标准的改革运动中，相应的评价改革通常被表述为“Standard－Based Assessment”。如果直译，该术语可以翻译成“基于标准的评价”，这也是当前国内一些文献中“基于标准的评价”这一术语的来源。但事实上，如果从他们的语境中考察，评价所基于的标准在通常情况下都指课程标准。例如，戴维斯（Davies，A.）认为标准是对学生应知、应会的表述，标准通常是对学生在读写和计算方面怎样才算合格的一种描述；① 斯蒂金斯（Stiggins，R. J.）认为标准是对成就结果或者要求的描述，它是确定具体的表现标准和进行评价的基础（有时实际上指的是与表现标准相对的内容标准）。② 这些标准的概念都与课程标准的含义高度一致。

就目前的研究进展来看，课程标准的含义已经非常清楚——课程标准通常是在描述学生相对于一个给定的学习科目应该知道和能做什么的信息，主要有内容标准、表现标准和学习机会标准等三种类型。

内容标准详细说明了在核心学科领域（如阅读、数学、科学等）内，每个学生应该知道什么和能做什么。内容标准必须适用于所有的学生，不管他们来自什么种族和民族，不管他们来自怎样的语言和文化背景，不管他们有没有特殊的学习需求。③

表现性标准主要回答“怎样好才算足够好”的问题，是对学生掌握内容标准的熟练程度的规定。表现性标准为学生的学习详细描述了表现的水平，不仅指出了表现质量的水平，还表明了可接受的满足标准的证据的本质特征。

学习机会标准一般指的是，为保证学生能达到内容标准和表现性标准的要求，对教师提供给学生的教育活动和课程资源的性质和质量的规定。它侧重于教育的公平。

在三类课程标准中，内容标准是基础，其他两类标准都建立在内容标准

---

① Davies, A. Making Classroom Assessment Work [M]. Connections Publishing, Merville, BC Canada, 2002: 12.

② Stiggins, R. J. Course 4: Assessment for Learning [DB/OL]. (2000) [2008-03-09]. http: //www. waskills. com/pdfs/professional tech/4AFL. pdf.

③ 埃利斯. 美国基础教育标准化运动分析 [J]. 张文军，译. 教育发展研究，2008 (2): 52-56.

的基础之上。在我国，目前颁布试行的课程标准是内容标准和表现标准的混杂，并没有在国家层面上编写各个学科领域的表现标准。这导致表现标准的不完整，并使基于课程标准的学业成就评价的实施遭遇一些困难，因为评价的实施需要承担开发表现标准的责任。在本研究中会涉及三种类型的课程标准，但是主要是以内容标准为依据。

（三）基于标准的评价

基于标准的评价（Standards－based Assessemnt）这一概念出现较早，大家似乎都在一种约定俗成的意义上使用着这一概念，对它的定义的研究比较少见，但基本的理解是一致的。

例如，“基于标准（例如内容标准）的评价与所教学的内容是紧密联系的，它使得测验与课程之间相互匹配。基于标准的评价被设计用来根据事先确定好的成就水平或标准来测量学生的学业成就，它与以比较同一年龄段的学生在考试中的表现为主要目的的常模参照测验完全不同。基于标准的评价经常需要与表现性评价一起，让学生表现出纸笔测验所要求的较高的思维水平。表现性评价的题目需要有良好的评分规则和对评分员（scorer）的严格培训”。①

佩蒂（Peddie，R.）认为：“‘基于标准的评价’这一术语指的是，以一些固定的指标或者成就水平，即所说的标准，来测量或评价学习结果。这需要一系列的标准，这些标准应该事先设定，以便教师和学生都能熟知它们。从理论上说，如果学生根据标准获得了他们实际需要掌握的东西，就达到了特定标准的成就要求。”②

不过，需要指出的是，在“基于标准的评价”中，评价一词是用“assessment”而不是“evaluation”。实际上，在当前西方的语境中，涉及学业成就的评价越来越经常地运用“assessment”这一术语。这意味着评价上的一种转向，即不强调评价中的“赋值”，更多地将评价当做一个收集关于学生的学习状况的数据，以做出改进学习和教学的决策的过程。本研究也在这一意义上使用评价这一术语。

吸取基于标准的评价的研究经验，我们认为基于标准的学业成就评价主要是依据课程标准，对学生的学习成果处于何种状态加以判断。基于课程标准的学业成就评价不会具体描述课程标准具体实施的时候具体发生的事情

---

① Wyoming Department of Education. The Wyoming Comprehensive Assessment System Design Report [R]. Wyoming Department of Education，1998：6.

② Peddie，R . Beyond the Norm? An Introduction to Standards－based Assessment [M]. New Zealand Qualification Authority，1992：53.

（例如教学），而主要是在一定年级阶段的学习结束后，考查学生对课程标准规定的学习内容的掌握情况及其成就水平。借此，可以帮助学校确认什么是重要的学习内容，并协助教师和学生专注于重要的学习内容，最终促进学生的发展。

（四）评价程序（环节）

程序，按照人们的一般理解，指的是事情进行的先后次序（例如《现代汉语词典》就是这么理解的）。但是随着计算机技术的普及，程序的另一种含义——处理信息的软件——也正在为更多人所接受；而且事实上，目前确实有不同种类的评价软件正在出现。由于各人的关注点不同，程序的理解可能会有很大的偏差。

本文所用的“评价程序”，并不是指某种进行学业成就评价的软件，这也不是本研究所能解决的。本文讨论的基于课程标准的学业成就评价的程序，指的就是依据课程标准进行学业成就评价的一般步骤。应该说，随着大规模的测验技术的成熟，评价都有了一般化的步骤。例如，评价目标的确定、评价内容的选择与规范、评价的组织与实施、评价结果的处理与报告等。作为基于课程标准的学业成就评价的程序，其步骤名称与之没有太多的区别，但是在具体的内容上，其间的区别是很大的。例如，两种评价程序首先都关注评价目标的来源，但基于课程标准的评价的目标是十分明确的，来自于课程标准，而且是对所有学生来说都是能完成的但又具有一定挑战性的。又如评价结果的处理与报告，一般大规模测验只会给出一个总分或者几门课的总分，对学习并没有多少有效的反馈；而基于课程标准的学业成就评价则会根据课程标准的内容领域给出具体的分数或者等级，使人们能很容易了解学生的优势和劣势，对教学产生有效的反馈，从而促进学生的学习。

四、本书的研究设定

（一）研究的目的

在我国，基于课程标准的学业成就评价是一个新的研究领域。虽然评价学生学业成就的活动是广大教育人员和管理人员一直在做的事情，也有一些通行的做法，但是这些现成的做法不能直接用于基于课程标准的学业成就评价，基于课程标准的学业成就评价需要新的知识基础，需要不断深入的研究。这是本文研究的缘由之一。而且，基于课程标准的学业成就评价是一个庞大的研究领域，它涉及基于课程标准的学业成就评价的内涵、功能、任务以及范围等基础性的研究，评价的规划、实施和改进以及评价的制度建设等问题。而凭借个人的研究精力和能力无法解决那么多的问题，同时，在实践和理论界对究竟应该从哪些方面来实行基于课程标准的学业成就评价还远远没有定论，因此本研究只想做一个有限的研究。

本书主要从组织和实施的角度，探讨以统一的测验形式进行基于课程标准的学业成就评价的实施程序的问题。一个相对统一的评价程序能在一定程度上保证所开展的学业成就评价依据和围绕课程标准来进行。

(二) 研究的框架

本书分为三大部分。第一部分“走进基于课程标准的学业成就评价”，着重交待为什么要研究基于课程标准的学业成就评价程序。第二部分“基于课程标准的学业成就评价的国际经验与比较”，包括第二章至第六章，主要梳理国际上基于课程标准的学业成就评价是如何组织、实施的，试图为第三部分的具体评价的程序研究提供基础。第三部分“基于课程标准的学业成就评价的实施程序”，包括最后三章，在国际经验与比较的基础上，深入探讨各个不同评价环节的具体内容。

第一章先交待基于课程标准的学业成就评价的缘起，并通过考察国内和国际对基于课程标准的学业成就评价的现状和问题，得出了本研究的主要任务是研究基于课程标准的学业成就评价的程序。本章还交待了研究的具体方法和几个核心概念的界定。

第二章开始到第六章这一大部分根据研究的设定范围，分别梳理美国、英国、澳大利亚和加拿大四个英语国家基于课程标准的学业成就评价的发展历程和评价组织、实施、报告的具体程序，并比较了其中的共同主题和经验，为第三部分评价程序研究的展开提供知识基础。

第七章主要分析了现有的课程标准的类型、结构和特点，并着重分析了从课程标准到测验的测量目标、行为目标和表现目标的转化过程，其中表现目标的转化只是一种初步的研究。

第八章主要讨论了基于课程标准的学业成就评价测验编制的内容规范，具体包括测验内容规范的含义与类型，测验内容规范表的设计以及试题的抽样技术。

第九章分别阐述了基于课程标准的学业成就评价的组织、实施和结果的处理与报告等方面的内容和步骤。

(三) 研究的方法

1. 文献法。通过对国内外相关文献的梳理，应该说关于测验、评价和学业成就评价等领域的论文、研究报告和案例以及各种政策文本都能为本文的研究提供借鉴。但是基于课程标准的学业成就评价本质上更多的是一种实践问题，所以本文主要选取研究国外开展基于课程标准的学业成就评价的具体经验和做法，借鉴而非照搬国外相关研究的最新进展，期待“他山之石，可以攻玉”。

2. 比较法。本文所采用的比较法属于同类比较研究，即把美国、英国等国基于课程标准的学业成就评价经验进行了静态的比较，提取其共同的特征，以求为建立共同的评价程序提供基础。

3. 个案法。针对国内外的基于标准的学业成就评价的具体案例进行分析与整理，从中寻找对我国基于课程标准的学业成就评价实践极具价值的独特经验，从而为基于课程标准的学业成就评价研究寻找一些坚实的基点。我们主要参考的是美国、加拿大、英国和澳大利亚等国不同类型的基于课程标准的学业成就评价的案例。

第二章

美国基于课程标准的学业成就评价举隅

在本书提到的四个国家当中，美国是最早开展基于标准的评价改革的，其政策和评价实践也是比较成熟的。我们选取美国国家层面的“国家教育进展评估”以及俄亥俄州层面的基于课程标准的评价实践，为大家截取基于课程标准的学业成就评价的一个实际场景和样例。

美国是世界上最早开始基于标准的运动的国家，在1989年就已开发一套比较完善的《学校数学课程与评价标准》，其对学生学业成就的评价实践具有先导意义。美国根据开发的课程标准进行的学业成就评价主要是在国家层面进行的美国教育进展评估和州级层面上进行的各种学业成就评价，限于文章篇幅，本文有代表性地选取美国国家教育进展评估（National Assessment of Educational Progress，简称NAEP）在质量监测方面的经验和俄亥俄州学业成就评价的经验予以介绍。

一、美国国家教育进展评估的经验

美国国家教育进展评估（NAEP）是美国目前最权威的全国学生学业成就评估体系，它受国家教育统计中心（National Center for Education Statistics，简称NCES）委托，通过测量学业成就趋势来衡量全国教育目标达成与否，并向美国公众报告学生的教育状况。它是目前美国国内唯一的全国性、连续、长期的中小学生学业成就测量体系，又称为国家教育报告卡（the Nation's report card）。

美国国家教育进展评估从诞生之日起，就一直要像温度计那样测量温度但不会影响温度变化那样来准确地监控美国中小学教育的质量，但不影响学校具体的教育实践。[①] 经过三十几年的发展，美国国家教育进展评估尤其是在1994年《美国学校促进法》（*Improving America's School Act*）和2001年《美国中小学教育法》，即《不让一个孩子掉队法》的影响下，在美国基于课程标准的教育绩效问责体系中扮演了越来越重要的角色，希望能对美国的中小学教育质量带来有益的影响。下面我们将具体分析美国国家教育进展评估的产生与发展过程及其评价的实施程序，以展现美国国家层面上进行的基于课程标准的学业成就评价的概貌。

（一）NAEP的产生与发展

自20世纪60年代，美国联邦政府在教育中扮演的角色的重要性继续增加，表现之一便是筹备和开发全国学生学业成就评价体系。1963年，美国教育专员凯佩尔（Francis Keppel）针对美国缺乏有关学生学业成就信息方面的状况，呼吁建立一个全国性的学业成就评价体系，并邀请主持过“八年研究”的著名的教育、心理学家泰勒（Ralph W. Tyler）共同参与。在顶住反对者们认为“建立全国性的评价体系是企图扩张联邦政府在州和地方教育上

---

① Lauren B. Resnick . Reflections on the Future of NAEP: Instrument for Monitoring or for Accountability? [R]. CSE Technical Report, 1999: 499.

的权力，是企图建立全国统一的课程”等批评的压力下，1964 年，教育进展调查委员会（Exploratory Committee on the Progress of Education，简称 ECPE）成立，泰勒任主席。

从 1963 年开始，整个评价体系的运行时断时续。由于开发的评估模型要满足不同学科领域、多个年龄阶段反映不同学生学业水平的需要，整个评价体系的发展过程比预期的要长。到了 20 世纪 70 年代，矩阵取样技术的发展与改进，使得全国性的评价体系在技术上得以推行。但是由于全国性的评价体系不涉及任何州层面、社区和个人层面的信息，评价的结果基本上无法让各个层面的决策者予以运用。1969 年，泰勒将评价体系的管理移交给了美国各州教育委员会（the Education Committee of the States，简称 ECS，1983 年由 ETS 接替），教育界对全国学生评价体系的敌意才慢慢消失，重心也开始向开发和实施评价转变。同时，美国教育部取代卡耐基基金会成为该评价体系的主要财政来源。同年，这个全国性的评价体系被正式命名为美国国家教育进展评估（NAEP）。

20 世纪 80 年代，美国开始恢复在 70 年代失去的对教育改革的兴趣，美国社会开始重返教育的基点，把注意力集中到学生的学业成就上。这主要是 1983 年《国家处于危机之中》（*A Nation at Risk*）等报告揭示了美国教育的不良状况，对美国的政治和教育产生了重大影响。许多州的教育负责人对州层面的学业成就评价产生了前所未有的兴趣。其实早在 20 世纪 70 年代，一些州就已经在 NAEP 技术的支持下，发展了自己的学业评价体系，并有进一步扩大的趋势。1984 年，NAEP 的政策委员会决定帮助各州和各地区把他们自己的学业评价与 NAEP 进行比较，这获得了州立学校主要负责人理事会的认可。1986 年，美国南方有三个州开始使用 NAEP 的阅读/写作学业评价体系，对他们的学生进行为期三年的评价。1988 年，NAEP 获得霍金斯—斯塔福中小学修正案（Augustus F. Hawkins—Robert T. Stafford Elementary and Secondary School Improvement Amendment）的批准，开始试验性的州评价，并得到了广泛的支持。四十多个州、地区参与了评价。霍金斯—斯塔福中小学修正案还以法律的形式对 NAEP 的全国性评价做出了规定，也最终促成了 NAEP 的政策制定机构——国家评价管理委员会（National Assessment Governing Board，简称 NAGB）的产生。①

NAGB 的职责是：选择要评价的学科；为每个年龄阶段和年级要评价的学科领域确定成绩目标；设定评价目标；开发评价细则；设计评价方法；发

① Maris A. Vinovskis. Overseeing the Nation's Report Card: The Creation and Evolution of the National Assessment Governing Board [EB/OL]. [2008－03－07]. http: //www. nag. org/pubs/pubs. html.

布评价结果；设计州与州、地区与国家之间进行比较的标准和程序；以及改进评价和利用评价结果等。① NAGB 产生后，美国国家教育进展评估逐步在实践中得到落实。1990 年，NAEP 对公立学校的 8 年级数学进行了州层面的评价。1992 年，四、八年级的数学和四年级的阅读进行了州层面的评价。1996 年，这两门学科的评价扩展到四、八和十二年级。1996 年，NAGB 发布了政策声明，基本奠定了 NAEP 今后的发展模式。

但真正确定了 NAEP 评价模式的是 2001 年颁布的《不让一个孩子掉队法》，它规定：NAEP 至少每隔两年，对四、八年级的数学和阅读进行学业评价，定期对十二年级的数学和阅读进行学业评价。还要定期对写作、科学、历史、地理、公民、外语和艺术等学科进行学业评价。所有要接受 Title I 拨款的州，从 2002 年开始，必须每两年参加四、八年级的阅读和数学的学业评价，其他学科依据自愿的原则开展学业评价，但是，NAEP 的评价不能取代各州自己对三至八年级的阅读和数学的评价。NAEP 的长期趋势评价继续对 9、13、17 岁的学生的阅读和数学进行评价，科学和写作的评价不再进行。②

至此，NAEP 现有的主要的四种评价类型基本形成，即全国评价、长期趋势评价、NAEP 州评价和试验性城市地区评价。我们这里讨论的主要是全国评价和 NAEP 州评价，因为它们最接近基于标准的评价，并且在 NAEP 中比重最大。四种类型评价的具体实施情况，参见表 1 所示的时间表。

表 1　2002 年—2007 年美国国家教育进展评估时间表③

年　份	全国评价 （一般为四、八、十二年级）	州评估 （一般为四、八年级）	评估时间
2003	阅读（四、八年级） 数学（四、八年级） 全国评价	阅读 数学	2003. 1—2003. 3

① Maris A. Vinovskis. Overseeing the Nation's Report Card：The Creation and Evolution of the National Assessment Governing Board [EB/OL]. [2008－03－07]. http：//www. nag. org/pubs/pubs. html.

② Maris A. Vinovskis. Overseeing the Nation's Report Card：the Creation and Evolution of the National Assessment Governing Board [EB/OL]. [2010－04－01]. http：//www. nag. org/pubs/pubs. html.

③ 周红. 美国国家教育进展评估（NAEP）体系的产生与发展 [J]. 外国教育研究，2005 (2)：16－21.

续表

年　份	全国评价 （一般为四、八、十二年级）	州评估 （一般为四、八年级）	评估时间
2004	外语（十二年级） 长期趋势评价	—	2004 年秋
2005	—	阅读、数学、科学 试验性评价	2005.1—2005.3
2006	美国历史、公民学 （十二年级）全国评价	—	2006.1—2006.3
2007	阅读（四、八年级） 数学（四、八年级） 写作（八、十二年级） 长期趋势评价	阅读 数学 写作（八年级）	2007.1—2007.3 2007 年秋

（二）NAEP 的评价程序①

在 NAEP 的评价实施中，NAGB 负责选择评价的学科，研制合适的学业成就水平，确认评价目标，保证题目的技术指标，建立州际比较的标准和程序等。但具体的事务是由具有认证资质的中介机构或考试承包商②来完成的，NAGB 只是负责评价过程协调和最后的判定及选择。目前，NAEP 主要的合作者有三个：教育考试服务中心（Educational Testing Service，简称 ETS）负责题目开发、考试工具设计以及数据分析报告；Westat 负责抽样设计、数据收集和过程评估；全国计算机系统（National Computer Systems，简称 NCS）分管题目分配和评价打分。③ 以 NAEP 为中心，美国形成了相互制衡的全国教育质量监测机制——NAGB 制定政策，NCES 执行方案，考试承包商展开评价。

其具体评价程序包括：评价目标与内容的确定、测验的开发与编制、测验的实施以及结果的报告。

---

① 这一部分华东师范大学洪志忠博士提供了帮助，在此表示感谢.

② 这里的中介机构或承包商一般都是专业的机构，例如 ETS（美国的教育考试服务中心）就是一个专业的独立机构，它在教育考试领域有着极大的影响，它所开发的托福等测验在美国有着广泛的应用.

③ Lawrence M. Rudner，William D. Schafer. What Teachers Need to Know about Assessment [M]. NEA，2002：63.

1. 评价目标与内容的确定。之所以把NAEP也纳入基于课程标准的学业成就评价的范畴，与它的评价目标和内容的来源是紧密联系的（当然，整个评价程序也是如此）。课程标准从本质上来说就是设立全国学生要知道些什么、做些什么的底线。评价的合法性在于评价标准是否切实围绕课程标准制定，通过可靠的表现标准测验出学生的知识、能力、态度价值观等。NAEP作为一种基于标准的评价，其评价的目标和内容源自它为各个学科领域制定的课程框架（Framework），在此以NAEP2007数学评价为例予以分析。

全美数学教师理事会（National Council of Teachers of Mathematics，简称NCTM）于1989年、2000年出台了两份具有全国性指导意义的数学课程标准。两者框架结构一致，内容也具有延续性。以2000年《学校数学教育的原则和标准》为例，它为K—12年级的学生建立了一套综合连贯的课程目标，并描绘了高要求的内容标准（包括数与运算、代数、几何、度量以及数据分析与概率）和过程标准（包括问题解决、推理与证明、交流、关联和表征）。①

与之对照，NAEP2007数学评价设计主要从数学内容（mathematical content）、试题难度（mathematical complexity of items）、数学能力（mathematical power）三方面着手。数学内容包括了数与运算、代数、几何、度量以及数据分析与概率，这些内容贯穿整个教育过程，围绕核心技能，并随年级增长其要求逐步提高、挑战性不断增加。试题难度涉及题目的认知层次，力图回答“题目对学生提出了什么要求”。试题难度分为较低、中等、较高三个层次，每一层次都包括了学生知道什么、能做什么两个方面，如推理过程、概念理解、问题解决等。而数学能力指向推理、关联、交流等过程的考察。②

显而易见，NAEP数学评价设计的维度覆盖了《学校数学教育的原则和标准》的标准领域：数学内容匹配了五个内容标准，试题难度和数学能力则面向五个过程标准。

上面的描述勾勒出了NAEP基于标准的主要内容。真正实施评价还必须要根据课程标准或框架，确定具体的评价目标。我们以八年级“代数”板块为例，将NCTM2000数学课程标准与NAEP评价标准进行对比，研究NA-

---

① 全美数学教师理事会．美国学校数学教育的原则和标准［M］．蔡金法，等，译．北京：人民教育出版社，2004：10，204.

② NAGB. Mathematics Framework for the 2007 National Assessment of Educational Progress［R］. 2006：8，31－34.

EP 评价与标准的契合度。

表 2　NCTM 2000 学年六至八年级代数标准①

从学前期至十二年级的数学教育应该是所有的学生都能够	在六至八年级，所有学生应该
理解模式、关系以及函数	A. 用图、表、文字，可能的话也包括符号来表征、分析和归纳不同的模式 B. 关联和比较代表同一关系的不同表征方式 C. 分辨一个函数是线性的还是非线性的，并能从图、表或方程中对比它们的性质
用代数符号表征和分析数学情境与结构	D. 初步理解变量概念及其不同的用法 E. 探究直线的符号表征与图像之间的关系，特别注意对截距和斜率概念的理解 F. 利用代数符号表征不同的情境并解决问题，特别是那些与线性关系有关的问题 G. 能认识并归纳简单的代数表达式的等价变换并解线性方程
用数学模型表征和理解数量关系	H. 利用不同的表征形式如图、表和方程建模并解决问题
分析各种情境中的变化关系	I. 利用图形来分析线性关系中数量变化的性质

① 全美数学教师理事会．美国学校数学教育的原则和标准［M］．蔡金法，等，译．北京：人民教育出版社，2004：10，204.

表 3　NAEP 2007 学年八年级代数评价标准①

模式、关系和函数	1. 用图、表、文字或符号来辨认、描述、扩展（extend）数字模式或几何模式 2. 用文字或符号来归纳以数列、图或表格呈现的模式 3. 根据法则分析或编写（create）模式、数列、线性方程 4. 分辨一个函数是线性的还是非线性的，或能从图、表或方程中对比它们的性质 5. 解释线性方程中斜率或截距的意义
代数的表示	6. 变换符号、曲线图、表格、图表、文字描述等不同方式来表达线性函数 7. 分析或解释用不同方式（符号、曲线图、表格、图表、文字描述）呈现的线性关系 8. 描绘或解释坐标系中用配对数字表示的点 9. 解决包括坐标系中坐标配对的问题 10. 得出、证明关于线性关系的结论 11. 确定或表征在有意义的情境中的函数关系，包括在表格、图表、文字、符号中的比例、线性和普通的非线性关系
变量、表达式和运算	12. 写出代数式、等式、不等式来表征一种情境 13. 用合适的工具，进行线性代数式的基本运算
等式和不等式	14. 解释线性等式或不等式 15. 将“=”解释为两个表达式之间等值，并用以解决问题 16. 解释线性表达式与斜率、截距图形之间的关系 17. 使用、表示一般的方程式

可以看出，虽然 NAEP 数学评价目标是以内容来分类的，但它围绕的仍是 NCTM 所确认的 4 项核心技能——解决问题的数学能力、交流的数学能力、推理的数学能力与数学的联系能力。因为 NCTM 提供的只是学段标准，所以 NAEP 八年级的评价目标根据年级特点、学科内容进行了进一步的具体化，针对性更强，要求也更加明确。在 NCTM 的 9 条标准和 NAEP 的 17 条标准中，A 和 1，B 和 7，C 和 4，E 和 5、16，H 和 2，I 和 16 等都存在着明显的对应、相关关系。NAEP 评价整体上涵盖了 NCTM 的内容标准，而各个领域中的具体指标要求大体与 NAEP 的评价目标是一致的。

① NAGB. Mathematics Framework for the 2007 National Assessment of Educational Progress [R]. 2006：8，31－34.

2. 测验的开发和编制

NAEP 的测验是以每个要评价学科提供的课程框架为起点和标准的。课程框架为测验的开发和编制提供了评价的理论基础、评价目标、题目设计以及如何评分等方面的评价指南。课程框架本身则是由 NAGB 旗下的评价专家、测验专家、课程专家、学科教师、政策制定者、公众代表等经过广泛的讨论和征求意见而达成的。

在课程框架形成后，NAEP 的各个学科委员会会同来自 ETS 的测验专家一起编制具体的评价问题和评分标准。所有的题目和评分标准都必须经过复核以确保评价能达到课程框架所规定的要求。这些题目主要评价的是学生的认知方面，为了使测验变得更直观，NAEP 广泛使用试题图（Item Map）。下面以四年级的科学试题图为例予以说明。

表 4　NAEP 四年级的科学试题图

成就水平和分数段	题目的内容分类和描述	题　型
优秀水平 advanced 208～300 分	根据岩石的加工信息鉴别岩石的类型	Mc（多项选择）
	运用简单的电路检测物体的导电性	Cr（问答题）论述
	解释为什么先看到闪电后听到雷声	Cr 论述
	鉴别能导电的物体	Cr 论述
	预测和解释水对不同物体的溶解能力	Cr 论述
	能理解降雨量	Mc
	解释物体在地球和月球上的不同重量	Cr 论述
	从数据中分析种子的形成需要哪些条件	Mc
熟练水平 proficient 136～203 分	解释我们从化石那里得到的信息	Cr 论述
	运用简单的电路检测物体的导电性	Cr 简答
	预测和解释水对不同物体的溶解能力	Cr 简答
	收集温度信息	Mc
	确定比较肥料效能的方法	Cr 简答
	解释物体在地球和月球上的不同重量	Mc
	确定月球上大部分火山口的形成原因	Cr 简答
	空气与燃烧时间的关系	Mc
	区分骨骼结构	Mc
	区分物体的熔点	Mc

续表

成就水平和分数段	题目的内容分类和描述	题　型
基本水平 basic	运用图表确定哪天白天最长	Mc
	预测和解释水对两种不同物体的溶解能力	Cr 论述
	预测和解释鲸种群的变化	Cr 简答/论述
	根据鲸胃里的东西做出推测	Mc
	会看重量的读数	Mc
	鉴别湖水蒸发的能量来源	Mc
	用日晷来确定时间	Mc
	认识细胞运用太阳能的机制	Mc
	认识人体内负责氧气吸收的细胞	Mc
	认识人体器官的功能	Mc
	认识鱼类吸收氧气的过程	Mc

注：此表根据 NAEP Item Maps：Science，Grade 4，2005 改编而成。

除此之外，NAEP 还设计以下问卷为评价结果提供情境性的背景信息：学生问卷——检查学生的家庭背景、学科经验以及对评价的动机；教师问卷——收集教师培训和教育背景以及课堂教学方面的信息；学校问卷——了解学校的规模、学习困难学生以及母语为非英语的学生的调整情况。这些问卷同样需要复核。

3. 测验的实施

NAEP 有明确的日程安排表，测验时间贯穿整个学年，但大部分集中在 1～3 月份，州评价在 2 月份（具体的学科和时间安排，见表 1）。在进行测试的前一年，NAEP 都会发布测试学科最新的评价框架（framework）。这些框架对评价的方法、考试的题型、题目的设计、评分指南进行详细布置。

NAEP 全国范围内的施测人员约有 3 000 人，他们大部分是退休教师，都经过了专门的培训。他们与学校教师配合，进入现场采集相关的考试数据和学生的背景信息。

NAEP 虽然是全国性的学业成就评价测验，但是它并不需要全国所有的学生都参加测验，因为这样太耗费时间和精力，也对学生产生不必要的负担。NAEP 采用的是抽考的方式。从州层面来说，每个州在某一年级的每个学科领域至少需要 100 所不同的学校和 2500 名学生参加测验。在每所学校中，至少要有 25 名学生参加每一学科的测验，一所学校通常会参加两门学科的测验。如果在特定年级上学校不足 100 所或者学校规模比较小不足以达到 2500 的样本学生，那么，可以抽取不少于 1250 名的学生。如果学校数量比较多的话，可以抽取 115 所学校，学生数量可以适当超过 2500 名。样本的分布要包括：美国的所有四个地区、各种类型和规模的社区以及不同性别和种族的学生。

另外，从具体测验的实施来说，很多时候不需要所有的学生都做整份试卷，每位学生只需要完成其中的一部分，这样不到一节课的时间学生就能完成一份测验。例如，在一次科学评价中，单个学生要完成全部试题的话，学校要安排 12 课时。而如果把这些试题分成 12 个部分，12 名学生很快就能完成整个测验，这样全国 12000 名学生就能满足测验的要求。① 而 NAEP 现有的试卷分析技术已经能够满足这样的技术要求。

4. 测验结果的报告与运用

NAEP 报告系统形成了自身特色的报告形式，同时搭设了与公众信息交流的平台。

NAEP 的报告形式是与表现标准紧密联系的，报告形式主要有成就水平（achievement level）和量尺分数（scale scores）。成就水平分为基本（basic）、熟练（proficient）、优秀（advanced）三个水平，并有明确的界定。“基本”指掌握各个年级学生所需要的基本知识和技能。“熟练”是对于每个年级的测评有稳固的专业表现。达到该水平的学生能够把握有挑战性的学科，包括学科知识及其在现实中的应用，并具备适当的分析能力。“优秀”则为表现优异。成就水平描述了各年级学生应该知道什么和能够做什么的表现标准，是以学生群体为对象，以参与评价学生在三个水平的百分比分布来呈示。

量尺分数是从参与评价的学生群体的总体成就水平中导出，根据学生答对的题数，用特定的数学公式换算而成。NAEP 典型的平均量尺分数分为 0～500（阅读、数学、历史和地理）和 0～300（科学、写作和公民课）。结合解释的目的，量尺分数针对特定的学生群体，提供与学业成就相关的信息。

NAEP 是一个开放的评估系统，为国家、地区、州提供评价信息，其过程广泛吸纳社会成员的参与，并搭设了信息发布平台。这确保了社会、学校、家长的知情权，评价的过程和信息得以公开化、透明化，学生的学业成就水平得到了有效的监测。

NAEP 依法保护学生个人的评价信息。但 NAEP 的数据、程序、工具、分析结果等都可通过各种途径获取。如果组织或个人提出此类要求，NAEP 会在 45 天之内提供相关的材料。

再者，家长和社会成员可以就评价问题向 NAGB 投诉，NAGB 必须在

① 简明国际教育百科全书：教育测量与评价［M］. 许建钺，等，译. 北京：教育科学出版社，1995：418.

30天内将这些投诉传达给NAGB秘书长及地方、州的教育部门等。NAGB将会审查这些反馈信息，如果有必要，还会对题目进行适当修订，并在30天内做出回应。

NAEP对网络平台建设投入了大量精力。学校和家长可以在NCES、NAGB等网站上获取大量关于NAEP评价的性质、框架、内容、日程等基本信息。

NAEP基于历次的评价数据和调查情况建立了数据库，用于支持新评价的开发。NAEP的网上图书馆（E-Library），囊括了NAEP的所有资源和材料。对NAEP有着不同熟悉程度的人群可以根据自己的需要，选择相应的论文、报告及其他材料。

二、州层面的学业成就评价的经验：以俄亥俄州为例[①]

在俄亥俄州州层面的测验中，学业成就评价具有特殊的重要性。实行州层面的学业成就评价，一方面是为了配合联邦政府的教育改革行动，满足问责的要求；另一方面是为了检测州范围内的学区、学校和学生是否实现了设定的内容标准，从而改善学生的学习。

州层面的学业成就评价的主要形式为学业成就测验，严格依照俄亥俄州内容标准开发，基于同样的考试指南，在相同的时间内组织实施。州层面的学业成就评价比教师个体开发的测验能提供更多关于各所学校和各个学区的基本信息。评价的结果能帮助政策制定者们决定从哪里获取资源、开发项目，哪里需要提供支持与帮助。另外，学业成就评价同样能提供关于学生在学科、主题和技能方面的表现的有价值的信息。

学业成就测验在俄亥俄州有着较长的历史，但是以法律的形式规定特定年级的所有学生都必须参加特定学科的州范围学生学业测验则始于1987年。当时要求在四年级和六年级以及其他由州教育委员会指定的年级中实施阅读、语言和数学的学业成就测验。[②] 到现在，俄亥俄州州级学业成就测验已经发展了二十多年，无论在测验的内容还是形式，测验的组织还是实施方面都有着丰厚的积累和独特的经验。

---

① 这一部分华东师范大学周文叶博士提供了帮助，在此深表谢忱.

② Ohio Department of Education Office of Assessment. Ohio Statewide Testing Program Rules Book. [EB/OL]. (2007-02-08) [2008-02-02]. http: //www. ode. state. oh. us/GD/Templates/Pages/ODE/ODEDetail. aspx? page=3&TopicRelationID=1327&ContentID=19379&Content=41634.

（一）评价目标与内容的确定

学业成就测验要求与州设置的内容标准严格匹配，这也就回答了“考什么”的问题。俄亥俄州通过多方协作与努力，开发了具有挑战性的内容标准，标准界定了学生在英语语言艺术、数学、科学、社会等各科学习中应该获得的知识和技能——也就是经常所说的需要“知道什么”和“能做什么”。其中包括思维方式、学习方式、交流、推理、探究等几大领域，以及学科中重要而持久的思想、观念、话题与问题等。表5列出了俄亥俄州课程标准的核心内容领域，而学业成就测验的题目就是严格按照这些标准中的内容编制的。

表5　俄亥俄州学业成就测验科目内容领域 ①

英语语言艺术	数　学	科　学	社　会
音素意识、字词识别 词汇获得 阅读过程：文字的意义、理解策略和自我监控策略 阅读应用：信息、技术和论说性文本 阅读应用：文学文本 写作过程 写作应用 写作习惯 研究课题 交流：口头和视觉	数、数感及其运用 测量 几何和空间感 模型、函数与代数 数据分析与概率 数理过程	地球和空间科学 生活科学 物理科学 科学与技术 科学探究 科学认知方式	历史 社会中的人物 地理 经济 政治 公民权利与义务 社会研究技能与方法

如果说表5规定了学业成就评价的内容范围，那么，每门学科整体的内容标准框架则规定了具体的评价目标。俄亥俄州对每门学科的内容标准框架的具体内容都做了规定，并且对每门学科的每个年级水平也都给出了详尽的描述。在这里，我们选择语言艺术学科为例进行介绍。

俄亥俄州K—12英语语言艺术内容标准框架下的具体内容分别如下。②

① Academic Content Standards：Literacy read and number [EB/OL]. [2007－08－11]. http：//www.ode.state.oh.us/GD/Templates/Pages/ODE/ODEPrimary.aspx? Page = 2&TopicID = 7&TopicRelationID=305.

② Ohio's K—12 English Language Arts Academic Content Standards [EB/OL]. [2008－02－02]. http：//www.ode.state.oh.us/GD/DocumentManagement/DocumentDownload.aspx? DocumentID=2012.

1. 音素意识、字词识别标准。低年级学生要学会辨认字词，为独立阅读奠定基础；发现声音和符号的对应关系，运用这一原理学习新的字词；积累大量的词汇以便有助于快速而准确地阅读。在三年级末，能进行流畅的口头阅读，根据文本内容做到语调和语速的恰当变化。

2. 词汇获得标准。通过接触语言环境获得词汇，比如阅读书籍或其他文本，与年长者、同伴交流；通过情境脉络或其他人的解释获得新的字词。学会运用单词分析技能拓宽或积累识字量。经过几个年级的学习后，能更熟练地运用词汇知识获得专门的词汇，从而有助于理解。

3. 阅读过程：文字的意义、理解策略和自我监控策略标准。运用技巧帮助理解信息和文学文本。阅读和学习阅读的过程也就是问题解决的过程，在这个过程中阅读者获得技巧，赋予书面语言以意义并与文本展开对话。初学者要掌握一些关于文字的基本概念（如主题）和文本是如何产生的（如文章的结构段落）等知识。一个熟练的阅读者，要学会分析和评估文本，展示对文本的理解。此外，还要学会在阅读文本时对所产生的问题的理解进行自我监控、自我纠正和自我评价；并且要有效地运用这些技能进行课内与课外阅读。

4. 阅读应用：信息、技术和论说性文本标准。能为学习一个主题、做一件事情、做出一个决定和完成一项任务而从阅读中获取信息。必须阅读各种类型的文本，包括随笔、杂志、新闻、教科书、教学手册、参考资料、多媒体和电子资源等。学会根据文本某些重要方面比如标题、副标题和视觉辅助材料的特点来预测和构建对文本的认知。学会阅读文本中的附加信息，如表格、图表、地图等。运用文本结构知识组织文本内容，对其进行分析并从中得出推论。熟练的阅读者要学会辨认文本中的不一致的观点、偏见、陈见等信息。

5. 阅读应用：文学文本标准。通过阅读各种各样的，代表不同作者、不同文化与不同地方的文学作品来提高对人类的理解。阅读各种类型的文学作品，包括寓言和神话、传说、短篇故事、小说、诗歌和戏剧。通过以下方式来理解文学文本：描述和讨论文学中的要素（如背景、人物和情节）、分析作者的语言（如词语的选择和修饰语）、文本与文本之间的比较、以批判和创造性的方式对文本的主题、意义做出推论等。熟练的阅读者要学会解释、分析和批判文学文本，从而获得更深的理解。

6. 写作过程标准。写作过程包括写作前、拟草稿、修改、编辑和发表等几个阶段。学会为不同目的和不同读者来规划写作；学会运用写作技巧进行创作，能有效运用字词和语法；掌握修改技巧来完善作品的内容、组织和语言；同时还要掌握编辑技巧，养成写作习惯。

7. 写作应用标准。必须明确：不同类型的写作要运用不同的语言、形式和特定的词汇，服务于不同的目的的写作。初学写作者要学会根据写作的各种不同目的，尝试一些小范围内的比较熟悉的形式（如书信）。有一定基础的写作者要能根据写作目的和读者对象选择合适的文体；要能解释为什么这些文体形式比另外的更适合这一写作目的，并且要开始运用能表达特定内容的词汇来实现交流目的。熟练的写作者能正确掌握大多数文体形式的语言和结构特点；能根据读者对象和写作目的运用精练的语言进行写作。

8. 写作习惯标准。通过接触优秀的作品和自己的实践养成写作习惯。写作习惯包括拼写、标点、语法习惯和其他与写作有关的一些习惯。学会运用标点的目的是：使句子所表达的意思更清晰，从而帮助读者能更好地理解句子。运用一些正确的拼写技巧和在写作中学会的词汇，拓宽自己所掌握的拼写体系。能熟练运用英语语法结构，从而在写作过程中正确地表达思想。

9. 研究课题标准。能确定并探究自己选择的话题、主题和问题。能从媒体、参考资料和科技资源中查找、选择和选用相关的信息；并能采用合适的方式交流研究结果。

10. 交流：口头和视觉标准。通过学习一些优秀的范例和自己的实践达到有效交流。通过说、听和视觉图像的解释，不断提高交流技巧。学会表达自己的观点、有效地传达信息，从而说服或愉悦听众。熟练的说话者要能控制语言、选择精炼的词汇，清晰地表达观点，并且能根据听众和说话目的调整表达。

（二）测验的编制与开发

俄亥俄州的学业成就评价试题，由俄亥俄州的教师、其他教育者、家长委员会成员、州教育部和考试服务商，根据俄亥俄州内容标准进行开发。其实施根据年级水平、不同目的采取多样的形式，并向不同的对象报告结果。

具体来说，除了上述的人员和机构参与命题外，还有一些专业的机构参与，从而来保证测验编制和开发的质量。它们是：内容建议委员会（Content Advisory Committees）、公平性/敏感性审查委员会（Fairness/Sensitivity Committees）、范围标定委员会（Range Finder Committees）和标准设定委员会（Standard Setting Committees）。各个委员会的成员在州范围内选拔，代表着文化的多样性，并经过严格培训，其任务是从不同侧面对所有的试题与考试材料进行检测。内容建议委员会的检测目的是确保每一道题目的有效性以及这些题目与具体学科领域和具体年级水平的内容标准相匹配。公平性/敏感性审查委员会的检测目的是确保试题对俄亥俄州所有群体的学生都是公平和公正的。只要测验包含了建构性反映问题（就是需要自己作答的问题，选择题不在此列），就需要范围标定委员会为其划定得分范围，即什么样的回答不能得分，什么样的回答可部分得分以及什么样的回答能得满分。而标准设定委员会则为特定的一次测验的成就水平提出建议（如基础、熟练和优秀的分数）。通过各委员会审阅的试题被保存在题库中以便运用到各种形式的考试中，不合格的题目则被删除。

测验编制还要涉及不同的题型及其比例和分布。一般来说，阅读、数学、科学和社会学业成就测验的题型由多项选择题、简答题、论述题等组成。写作测验的题型包括写作题、是非题和多项选择题等。表 6 和表 7 分别以具体年级和具体学科来举例说明。

表 6　2006—2007 学年俄亥俄州七年级学业成就测验方案①

项　目	写作题	多项选择题	简答题	论述题	现场试验题	试题总数	总　分
阅读	NA	29	5	2	—	36	47
数学	NA	32	5	2	6	45	50
写作	2	15	—	—	—	17	41

注："NA" 表示不评价。

表 7　俄亥俄州四年级写作测验方案 ②

项　目	题目类型			
标准的内容领域	多项选择（每题 1 分）	是非题（每题 1 分）	写　作（每题 12 分）	分　数
写作习惯	9～10	5～6	—	15
写作应用/过程	—	—	一篇信息报告或文学创作	12
写作应用/过程	—	—	一篇记叙文或一封信	12
试题数	15		2	—
总数	17			39

① Ohio Department of Education Office of Assessment. Ohio Statewide Testing Program Rules Book [EB/OL]. (2007-02-08) [2008-02-02]. http://www.ode.state.oh.us/GD/Templates/Pages/ODE/ODEDetail.aspx? page = 3&TopicRelationID = 1327&ContentID = 19379&Content = 41634.

② Ohio Department of Education Office of Assessment . Ohio Grade 4 Writing Achievement Test Blueprint [EB/OL]. (2007-02-08) [2008-02-02]. http://www.ode.state.oh.us/GD/Templates/Pages/ODE/ODEDetail.aspx? page=3&TopicRelationID=222&ContentID=7805&Content=39756.

（三）测验的实施

俄亥俄州州级学业成就测验要求所有的学生都参加测验，有能力障碍的学生参加与内容标准相符的其他方式的评价或替代性评价。表 8 是 2006～2007 学年根据年级排列的俄亥俄州州级测验。虽然所有学生都参加测验，但是年级不同，测验的学科和内容也是不同的。而且在具体的评价实施中必须要保证测验试题不会泄漏，能体现出对不同学生的包容。

表 8　2006～2007 学年俄亥俄州州级测验年级排列表

年　级	测验科目、类型
三年级	阅读和数学学业成就测验
四年级	阅读、数学和写作学业成就测验
五年级	阅读、数学、科学和社会学业成就测验
六年级	阅读和数学学业成就测验
七年级	阅读、数学和写作学业成就测验
八年级	阅读、数学、科学和社会学业成就测验
九年级	阅读、数学、科学和社会学业成就测验
十年级	阅读、数学、写作、科学和社会毕业测验
十一年级	未通过毕业考试的学生参加特定学科的测验
十二年级	未通过毕业考试的学生参加特定学科的测验
K 到二年级	阅读、写作和数学诊断性评价
三年级	写作诊断性评价
学前儿童	幼儿阅读素养评价
为有严重障碍的学生举行每一个年级每一个具体内容领域的替代性评价	
对所有 K 到十二年级有英语语言障碍的学生进行英语语言熟练评价	

在测验的实施中，除非是预测，所有州的试题在各学区的时候都得妥善保管，不允许任何人复制与考试相关的任何材料。在州的测验中将试题透露给参加考试的学生；编制基于试题的“学习指南”给学生；改变学生的答案或以其他任何方式帮助学生作弊等都是违法的。在州测验的施测中，非经授权的人员不得出席。

此外，值得一提的是，俄亥俄州还专门对有学习障碍的学生的学业成就评价做出了具体规定，制定了详细的系列适应性政策（accommodation）。这些政策，是基于学生个体的强项和弱项，在学习内容和学习安排的强度和密度上进行了一些调整，但没有很大程度地改变教学水平或教学内容，为每一位学生提供了一条合适的学习路径。在测验中，适应性政策主要体现在考试的形式、环境、时间等方面，但在考试的主要方式和分数的可比性上并没有改变。如，有英语语言障碍的学生和他们的同学一样需要掌握核心学科领域的相同的学习内容。这是为了确保有英语语言障碍的学生不要因为英语语言障碍而在其他内容领域掉队。但是有英语语言障碍的学生可以享受一些适应性政策：运用词典，延长考试时间等。

（四）测验结果的报告与运用

俄亥俄州的学业成就测验结果按照课程标准的内容领域（如对数学成绩的报告是按照数、数感及其运用；测量；几何和空间感；模型、函数与代数；数据分析与概率；数理过程）来呈现，而不是一门学科只给一个笼统的总分。在成就报告中所呈现的分数包括原始分和换算后的分数。

俄亥俄州州范围的学业成就测验结果被运用于多种目的。以三年级阅读为例，关于三年级阅读成就测验，各个区都制定了一份详细的关于如何给予那些考试分数在底线以下的学生升级或留级的决定。在次年的考试管理中，各个区必须给那些在前一年的考试中达不到最低线的学生提供干预措施（intervention services）。此外，教育部运用州考试的结果来评价学校教育的有效性，并向联邦政府报告州的问责情况。教育部每年制定地方报告卡用于记录州范围的考试表现，同时也用于考查毕业生及其考试参加率情况，从而决定一个区或一所学校的等级：优秀、有效、持续上升、学业警告（academic watch）或学业危机（academic emergency）等。

第三章

英国课程与资格局的评价经验

英国的统一学业成就评价是一个比较有特点的评价系统，它具有一支非常专业的评价队伍，在创新、大学与技能部下面有专业的常设课程评价机构——课程与资格局（Qualification and Curriculum Authority，简称QCA），据说也是深受中国测验的启发。英国大学里面也有一些专业的评价机构，例如杜伦大学（Durham University）的课程、评价与管理中心，就是一个重要的评价研究机构，在中小学有着很深的影响力。限于精力与篇幅，本书只介绍课程与资格局的基础教育阶段的评价实践。

英国是一个有着深厚自由主义传统的联邦制国家。地方教育当局（Local Education Authority，简称 LEA）和教师在历史上相对而言享受着比其他国家的教育局和教师更大的自治权利。“二战”前英国一直没有全国性的课程和教学大纲以及全国统一的学生学业成就评价。但是从“二战”结束后，尤其是撒切尔夫人掌权执政时期，全国统一的课程得以逐步实行。相应的全国性的学生学业成就统一考试也逐渐进入人们的视线。英国教育从教会控制到教师自治、从综合化教育政策到实施全国统一的课程和学业成就评价经历了漫长的发展过程，具有独特的经验，但是其中却体现着国际教育改革的一个共同的主题——国家对教育的责任。本章意在简要梳理英国全国统一的学业成就评价（当然也是基于课程标准的学业成就评价）的发展历程，为我们提供一个理解的情境脉络。然后，着重分析英国学业成就评价的程序，为我们提供实施经验。

一、英国全国学业成就评价的历史发展脉络

英国是一个具有“自治”传统的国家，长期以来并没有实施全国统一的课程和学业成就评价。但是由于政治的变革、经济的发展和不同利益集团的影响，使得教育尤其是作为教育“心脏”的课程不断进行着调整和改革，从而也引发了全国性的学业成就评价的出现和发展。这主要体现在 20 世纪 80 年代的重大改革和 20 世纪 90 年代至今的矛盾化解和调整两个阶段的发展变化上。

（一）20 世纪 80 年代政府干预下的重大改革

20 世纪 60 年代以后，英国地方教育当局和教师对课程的控制日益受到挑战。许多人认为必须改革这一传统，因为教育已成为公众的、国家的权利和事业，而且，国家和公众拥有了解和监督教师做出什么决定的权利，拥有提出课程纲要并监督其实施的权利。课程和评价不再是教师的私人事务，不能随心所欲。从 20 世纪 70 年代起，“政治参与”逐渐变得敏感起来，社会学家和课程专家的工作开始趋于一致，越来越关心学生应该学习的广泛的共同课程。

1979 年，撒切尔上台执政，加强了对教育的政府干预。撒切尔深知，单靠经济上的改革，是无法满足政治上求新的需求的。一个政府若没有新的经营理念，那么只有等待下台了。受各种外力的影响，撒切尔在教育与社会福利等方面采取了一系列激进的政策。

1981 年，英国皇家督学团发表了一份指导性的文件《学校课程》（*School Curriculum*），它是英国中央政府第一次明确提出课程目标和关于中学应开设课程的建议。1982 年，英国政府解散了学校课程和考试委员会

(School Curriculum and Evaluation Committee，简称 SCEC)，取而代之的是学校课程编制委员会（School Curriculum Development Committee，简称 SCDC）和中学教育考试委员会（School Education Evaluation Committee，简称 SEEC）。在这两个机构中教师只占少数。同时，英国政府发布文件建议改革考试制度，实行单一考试。1984 年，英国政府宣布，新的 16 岁单一考试制度是完成各种必要改革的最有效的手段，即中等教育普通证书考试（The General Certificate of Secondary Education，简称 GCSE）。它按照全国学科专门标准和一般标准制定的考试课程大纲，于 1986 年秋季开始实施。1987 年，欧洲共同体通过了《欧洲统一条例》，从立法上极大地促进了欧洲一体化的进程，同时要求在教育等领域实现更大范围和程度的互认，这也促使英国试图建立统一的国家课程。

1988 年，英国国会终于通过保守党政府提出的《教育改革法》（*Educational Reform Act*），它是英国教育史上最重要的教改文献之一。它的核心内容是实施统一的国家课程和统一的学业成就评价（测验）。它规定：从 1989 年起，全国所有公立中小学实行统一的国家课程；中小学要开设两类课程——核心课程和基础课程，核心课程包括英语、数学和科学，基础课程包括现代外语、技术、历史、地理、美术、音乐和体育；实施全国统一的考试制度：制定 4 个关键阶段（key stage）——7、11、14、16 岁结束——各学科的成就目标，对每个阶段结束时学生应掌握的知识、技能和理解做出具体的规定，使学生的进步可以通过全国标准得到评价。16 岁时，中等教育普通证书考试是主要的评价方式。①

（二）20 世纪 90 年代以来化解矛盾下国家课程和评价的调整

规定国家课程，是英国 1988 年《教育改革法》最重大的举措，也是英国中小学课程改革最重要的内容。但是，国际课程颁布后，英国国家课程的实施工作并不顺利，不满的呼声逐渐增多。一方面，固然有长期的习惯问题；主要的原因恐怕还是英国国家课程本身的不足。

首先是在国家课程所制定的教学目标和学习纲要方面，有些学科要求过高、内容过多，有些学科缺乏严密性和规范性。由此造成教师普遍的负担过重，而对学生来说，既要应付内容艰深的课程学习，又要应付统一的校外考试，也感到不堪重负。其次是国家课程的成就目标体系存在交叉、重叠和过于复杂等问题，实施难度大。以地理学科为例，它有 5 种教学目标，10 种水平。每种教学目标又分为 4 大类要求，要求下设多种项目。第一大类有 7 项 56 个项目，第二大类有 3 项 30 个项目，第三大类有 3 项 47 个项目等，这些

---

① Clyde Chitty. Understanding School and Schooling [M]. Routledge Falmer，2002：25.

是具有平均水平的学生都要达到的，十分复杂。再次是成就水平混乱。一般而言，5～7 岁达到 1～3 水平，8～11 岁达到 2～5 水平，12～14 岁达到3～7 水平，15～16 岁达到 4～10 水平，即使是出于照顾不同能力和水平的学生发展的多样性的需要，也不应该出现如此之大的交叉和重叠，背离了全国统一课程的初衷，也给评价工作带来诸多的困难。因此，在 20 世纪 90 年代初，英国很明显出现了“为考试而教”的现象。①

另外，中等教育普通证书考试与关键阶段 4 即 16 岁评价的关系也没有处理好。因为存在两套不同的评价标准，难免会导致学校 14～16 岁学生的教学和评价出现国家课程教学、评价与中等教育普通证书教学、考试的矛盾。由于评价标准的混乱，学校教学工作无所适从成为普遍的现象。

针对国家课程实施陷入的困境，20 世纪 90 年代是英国国家课程的“矛盾调试”期。1993 年，英国政府任命罗恩·迪尔英（Ron Dearing）爵士为全国课程委员会（National Curriculum Committee，简称 NCC）主席和学校考试与评价委员会（School Evaluation and Assessment Committee，简称 SEAC）主席，对全国统一的课程和评价中出现的问题进行全面调查，并提出改进的意见。政府结合罗恩·迪尔英爵士的调查报告和其他人的意见，1994 年，撤销了 NCC 和 SEAC，代之以学校课程与评价局（School Curricalum and Assessment Agency，简称 SCAA）。目的在于，将课程与评价两者相互协调和统一。另外还建立了教育标准局（The Office for Standards in Education, Children's Services and Skills，简称 OFSTED），负责参与制定教育标准，为政府部门提供咨询和建议。在建立了统一的课程管理和协调机构后，各个关键阶段的学业评价的范围和方法也得到了简化。其中的一个重要措施是，将 GCSE 与前三个关键阶段的全国统一考试分离，建立了新的 16 岁单一考试制度，还单独设立了统一的国家职业资格测验（General National Vocational Qualification，简称 GNVQ），为 16 岁的学生毕业提供就业出路。②

1997 年，布莱尔上台，其对教育的关注面临着严峻的考验。面对考验，英国政府毫不犹豫地开展了新一轮的课程改革。1997 年 10 月 1 日，学校课程与评价局（SCAA）与全国职业资格局（National Council for Vocational Qualifications，简称 NCVQ）合并，组成了一个统一的具有法令权威性的新机构——课程与资格局（Qualification and Curriculum Authority，简称 QCA）。建立 QCA 的目的是打破学术教育和职业教育之间的樊篱，促进社会与教育界在教育、课程建设、培训和资格认证方面的合作与沟通，更有效地推进国家课程的改革，提升学生的学业成就和全民的素质。

①② 汪霞. 英国课程改革的现状与趋势［EB/OL］.［2006－04－08］. http://www.pep.com.cn:82/person_wx/index.htm.

QCA的宗旨是保证机会均等，保证不同能力的公民都可以接受国家课程、测验与考试。它的工作职责是，支撑与发展国家课程与相应的评价、测验与考试；鉴定与管理大学资格与职业资格。它的主要工作包括以下三个方面。一是开发与管理测验体系。管理与调适公共测验体系，以适应学习者与社会的要求；负责开发、实施与管理高质量的全国考试。二是开发与审查国家课程。开发国家课程，规定学生必须具有的知识、理解力与技能；并审查国家课程，以评价国家课程对于不断变化的学习者与社会的适切性与相关性。三是国家资格认证与审查。适应学校与学习者的需要，提供适当水平的资格认证；资助职业标准研制，支持在职学习，定期审查资格的适应性与有效性，以满足学习者、学校与经济发展的需要。①

QCA开展工作后，受教育大臣的委托，与一千多家学校和机构广泛合作，研究中小学全国性课程的改革，并向社会进行全面咨询。它开始拟定关于国家课程改革所期望的学习结果、评价材料的开发计划，以为新的国家课程的实施奠定基础。1999年，英国政府颁布《国家课程2000》（*National Curriculum*：2000），实施以“促进学生学业成就、提高教育质量”为核心的课程改革战略。同年，教育大臣布伦科特（D. Blunkett）宣布英国中学将从2000年9月起实施新的国家课程。

作为国家统一的学业成就评价仍然分为四个关键的年龄段：第一段（KS1）5～7岁，第二段（KS2）7～11岁，第三段（KS3）11～14岁，第四段（KS4）14～16岁。只不过第四段是单独列出的。QCA联合教育标准局等机构为每个阶段都制定了新的课程大纲、评价的标准和程序，界定了作为学校课程之基础的价值和目的，列出了国家课程的四大目的：赋权、建立标准、加强连续性和一致性、促进公共理解。至此，英国的全国性的学业成就评价体系正式形成，目前正处在关键的实施阶段。②

二、英国课程与资格局的学业成就评价程序

通过外部统一的测验是英国义务教育阶段学业成就评价的一种重要方式。之所以选择QCA的评价经验，是因为在英国，统一的国家课程标准下的学业成就评价主要是由QCA负责的。QCA作为国家课程管理的核心机构之一，它不是一个行政的政府部门，而是一个专业的公共机构。QCA的职能之一是管理与调适公共测验体系，以适应学习者与社会的要求；负责开

① 崔允漷，张雨强．督教分离 教考合一：英国三级课程管理的经验及启示［J］．全球教育展望，2006：6.

② Qualifications and Curriculum Authority. National Curriculum Assessment：Code of Regulatory，2006：preface.

发、实施与管理高质量的全国测验。这些全国统一测验主要在义务教育阶段实施，由 QCA 策划兼实施，目的在于评价学生的学业成就，检查学校的教学质量和国家课程的实施情况。

QCA 是义务教育阶段所有学生参加的国家课程考试（National Curriculum Test）的组织者和调节者。在 20 世纪末和 21 世纪初，QCA 对教育与技能部（Department for Education and Skills，简称 DfES①）大臣负责，保证在国家课程测验的信度、效度和严肃性方面给予公众信心。QCA 通过两个途径来保持公众信心和课程标准的落实，一是针对评价所要检测的方面设定标准（包括一般原则和学科标准）；二是建立一个确保测试编制、施测质量的监控程序。

（一）学业成就评价的总体指导思想

英国国家课程下的学业成就评价，在编制和实施前，为了保证评价能够准确有效地体现国家课程的要求，首先要制定一个评价的总体指导思想或者叫国家课程评价的共同标准。它简明扼要地说明了基于国家课程的学业成就评价的要求，具体内容如下。②

国家课程下的评价必须保证评价结果准确反映国家课程和学科标准规定的知识、技能和理解方面的要求；评价结果可靠地反映学生的表现；评价结果具有系统的可比性；国家课程对不同能力的学生有不同的要求，从而尽可能减少偏见；评价系统是可控的。

评价必须保证评价结果有效地反映了国家课程和学科标准规定的知识、技能和理解方面的要求：即由国家评价局制定、QCA 通过的考试细则必须确定在总评价中包含了所有的课程内容；保证在学习项目、水平描述和既定目标中内容和技能的覆盖程度一致；明确测验能有效地表明各水平的覆盖程度以及分数分布。

评价结果必须可靠地测量学生的表现：国家评价局通过试测、设定成绩水平测验和分析学生的测验结果等流程，要求测验的要求是一致的、打分也是一致的以有效地区分学生的成绩；通过有效的安排保证学校有效、公平地实施测验；确保评分者能应用受训的内容；使用适合特定年龄的评价材料。

评价的结果必须与标准有可比性：国家评价局能根据评价的难度、不同关键年龄段、评价内容等比较学生的表现；确保不同年份和不同关键年龄段、具体学科中基准的一致，避免无关变量对总的结果产生影响；确保评价材料在风

---

① 2010 年 5 月 11 日，DfES 已经由 Department for Child School and Family 所取代。

② Qualifications and Curriculum Authority . National Curriculum Assessment：CODE of Regulatory［M］. The Qualification and Curriculum Authority，2006：9.

格、样式和难度上的一致；明了评价程序、形式和内容的可能影响。

评价的结果必须尽可能避免偏见，区分学生的能力水平，针对不同学生的不同能力水平提出不同的要求：评价必须为不同水平的学生提供他们取得好成绩的机会；无论是在评价内容还是表达上不要有歧视；确保所使用的材料的话语和学科内容是恰当的；具有明确的、合适的、综合的和可行的评分规则。国家评价局也在评价过程和评价结果呈现中保证：评价具有一致性；对成绩评定不会产生障碍；对所有的学生都是公平的；对机会均等负责。

评价系统是可管理的：国家评价局显示评价系统是及时的和可管理的。即要求学生在规定的时间里完成评价；国家评价局在评价前确定要求的材料和设备都是到位的；不对学校提出不合理的要求，对评价编制者也是如此。

（二）评价的目标与内容

英国国家课程下的学业成就评价在具体实施时，是由 QCA 的一个子机构——国家评价处（National Assessment Agency，简称 NAA）组织的。NAA 负责开发学业成就评价的学科课程评价标准。针对关键阶段 1（KS1）开发了英语和数学学科具体标准；针对关键阶段 2（KS2）和关键阶段 3（KS3）都分别开发了英语、数学和科学学科具体标准。在具体的学科标准中列出了每个不同阶段的学业成就评价的具体内容要求。以第 2、第 3 关键阶段的《科学》为例，它们都有四大方面的内容要求，但是具体内容存在一定的差异，详见表 1。

表 1 第 2、第 3 关键阶段的《科学》内容要求①

KS2 考试必须包括下列学习项目内容	KS3 考试必须包括下列学习项目内容
S1：观点和证据，调查技能——计划、思考证据和评价	S1：观点和证据，调查技能——计划、思考证据和评价
S2：生命过程，作为组织的人，绿色植物和组织，变量和分类，在环境中的生物	S2：细胞及其功能，作为组织的人，绿色植物和组织，变量和分类，在环境中的生物
S3：材料分类、分组，改变材料，区分混合物	S3：材料分类、分组，改变材料，行为模式
S4：电、动力和运动，光和声，地球等	S4：电、动力和运动，光和声，地球等，能源和电能转换

① Qualifications and Curriculum Authority . National Curriculum Assessment：Framework of Regulatory [M]. The Qualification and Curriculum Authority，2006：12.

在关键阶段 4（KS4），实施的是中等教育普通证书考试（GCSE）。GCSE 的国家标准不是由 NAA 负责的，而是由 GCSE 考试联合委员会联合一些专业机构来制定和实施的。

他们认为，国家标准应是任何评估方案都要达到的，应该不但评估学生技巧技能方面的成绩，而且评估学生对数学的理解程度、应用方法解决问题的能力以及数学推理能力；应该鼓励和支持那些使学生能够最大限度地增进数学知识、加深对数学的理解，通过解决实际问题积累数学经验以及通过数学的应用增强自信心的课程设置；应该注意将考试课题与数学在日常生活中的应用相联系。

下面的目标阐述了 GCSE 将要评价的学业成就的基本数学要求。这些是对素质、能力、技能的最低要求。各项权重在不同的评估体系中可因评估水平的不同而不同。任何方案必须考查学生下列评价目标内容。①

记忆、应用和揭示日常生活环境中的数学知识；

提出数学方案，包括问题解决的方法，以符合逻辑的方式清楚地运用适当的符号和术语；

用文字、表格、图像和图形等形式准确地解释和表述信息；

用适当的方法进行计算；

理解常用的度量衡制式，并能应用它们解决问题；

按适合问题要求的精确度进行评估、近似值计算；

使用数学或者其他的工具，按一定的精度进行测量与制图；

辨认各种情境中的图形和结构并加以概括；

解释、转换并合理应用以文字或符号表达的数学命题；

辨认和应用二维或三维的空间关系（特别是在解决问题时）；

分析问题，选择合适的方法并应用适当的技巧求解；

解决问题时综合地应用数学技能和技巧；

根据已给出的数学条件做出逻辑推断；

将一个相对无结构的问题转变成适宜结构形式的问题加以解决。

下面两项是进行再评估时采用的内容。

口头回答数学问题，讨论数学思维，并进行心算；

进行实际的探索性的工作并开展一些开拓性工作。

在这一总的目标的基础上，GCSE 考试联合委员会还根据评价水平的不同列出具体的内容要求。学生在 GCSE 中的成就水平有 A、B、C、D、E、

① 韩家勋，孙玲．中等教育考试比较研究［M］．北京：人民教育出版社，1998：233.

F、G 七个等级。要达到不同的成就水平需掌握的内容是不一样的。例如，要达到 C、F 等级的学生必须要掌握以下内容（表 2），而希望得到 A、B 级的学生要在 C、D、E 的基础上选择附加内容。

表 2 中等教育普通证书 C、F 级内容要求①

F 级	C 级
从简单数据中获得信息、列表整理数据以求出给定得分的频率。绘制条形图、描点画图 整数的加、减、乘、除运算。不用计算器进行货币和简单分数的加减。计算给定数量货币的简单的百分率 正整数和小数的四则运算 用国际米制测量。理解 mm，cm，m，km 以及 g 与 kg 之间的关系。应用计算器并用最精确的单位作答 测量给定角，已知三边画三角形 按图案或数据列出的规律续画图案或续写数列 简单公式计算 辨识简单的平面图形和立体图形。计算矩形的周长和面积，立方体的体积 作业中的简单概括	阅读旅行图。由简单数据绘制扇形统计图。画出线性函数的图像 不用计算器进行整数的加、减、乘、除运算 百分率的换算 整数化小数。含有负数的几种混合运算。应用面积的单位 应用比例尺解决二维问题。给出合理的近似值 辨识并在简单的情形下写出图案的规律或者数列的通用公式 解简单的线性方程。简单公式的变换。在公式中代入数字计算其余的项 已知两边计算直角三角形的第三边及其一角 探究并描述某一选定的立体图形的表面积和体积的关系

（三）测验的编制②

NAA 制定的学科课程评价标准是 QCA 学业成就评价的主要依据，同时也是 QCA 学业成就测验编制的规范。NAA 首先规定了测验编制必须遵循的五项原则：有效、可靠、可比较、避免偏见和易于管理。有效指的是评价时必须要提供国家课程和学科标准，规定要掌握的知识、技能和理解方面的有效测量结果；可靠指的是测验要能提供学生成绩的可信的测量结果；可比较指的是得出的结果根据标准是可比较的；避免偏见是指学生之间的成绩差异只能建立在所有的学生都能达到国家课程要求的基础上。

以 KS1 和 KS2 阶段的英语学科学业成就测验的编制为例，主要涉及阅读、写作和拼写三种测验。其具体的编制先是列出阅读、写作、拼写的不同

① 韩家勋，孙玲．中等教育考试比较研究［M］．北京：人民教育出版社，1998：240.

② 这部分内容得到华东师范大学刘辉博士的帮助，在此深表谢忱.

成绩水平标准，然后根据不同的成绩水平确定具体的试题类型、分数（具体参见表3）。NAA在编制出初步的试题后，还必须要对包括试题在内的测验材料进行试用、实测与必要的检查和审核，然后正式进行评价计划。这些材料一般来说是一年使用一次，而且是具有延续性的，就是说2006年编制的英语测验题可以保存到2007年甚至2008年使用。

表3 KS1和KS2阶段的英语学科测验编制规范 ①

关键阶段	KS1	KS2
评价形式	**水平1～2** 阅读任务 **水平2** 阅读测验 **水平3** 阅读测验 **水平1～3** 写作任务，包括： 大作文；小作文；拼写测验；书法评价	**3张试卷** 阅读、写作和拼写
分数	**水平1～2** 阅读任务 **水平2** 阅读测验 **水平3** 阅读测验 **水平1～3** 写作任务，包括： 大作文18分；小作文12分 拼写测验7分；书法评价3分	**阅读测验** 共50分 **写作测验** 共43分，包括： 大作文28分；小作文12分；书法评价3分 **拼写测验** 共7分 写作和拼写测验的总分用于判断学生所处的写作水平是3、4或者5 阅读测验的分数用于判断学生所处的阅读水平是3、4或者5
阅读测验水平标准	**水平1** 使用一系列的阅读策略，包括为了理解意义对文章进行准确的解码 **水平2** 理解、描述、选择或再次追认文章中的信息、事件或观点，使用文章引用的参考文献 **水平3** 演绎、推断或者解释文中的信息、事件或者观点	**水平3** 演绎、推断或者解释文中的信息、事件或者观点 **水平4** 识别和评论文章的结构和组织，包括在文章层面上语法和表达的特点 **水平5** 解释和评论作者的语言运用，包括在措辞和句子的层面上语法和文学素养的特点

① Qualifications and Curriculum Authority. National curriculum Assessment Regulatory Framework Key Stages 1-3 [M]. The Qualification and Curriculum Authority, 2006: 7-9.

续表

关键阶段	KS1	KS2
阅读测验题型	**水平 1～2　阅读任务** 评价学生准确朗读的能力，讨论他们对文章的理解 **水平 2～3　阅读测验** 阅读几篇提有问题的文章，让学生回答一个单独的小册子中的每一页 用支持性的方式举例说明 评价学生独立阅读和对综合性问题的书面回答能力 测验文章应随着时间变化，它可能是文学作品，可以与国家课程的其他学科或整个世界有关 测验的问题应该与一个阅读评价关注点具体相关 测验问题应该是变化的，对于文章主题和评价关注点来说应该是恰当的	**阅读测验** 测验文章从国家课程 KS2 阶段英语学习计划描述的阅读材料中选择，包括那些从其他的文化和传统中选择的阅读材料 测验以适当长度、适合水平 3 的阅读者的几篇文章（3 或 4 篇）为基础，也包括水平 5 要求的范围 测验文章应随着时间变化，它可能是文学作品，可以与国家课程的其他学科或整个世界有关 测验应该有一系列的题型，包括那些要求延伸拓展的书面回答 测验的问题应该与一个阅读评价关注点具体相关 测验问题应该是变化的，对于文章主题和评价关注点来说应该是恰当的 测验每个评价关注点的分数要一年变化一次，但是测验应该总是包括阅读水平 2～5 的问题
写作、拼写测验水平标准	**水平 1**　所写文章是有想象力的、吸引人的和有思想的 **水平 2**　所写文章符合写作任务、读者和写作目的要求 **水平 3**　有效地组织和呈现整篇文章，信息、思想和事件要有顺序和结构 **拼写要求**：使用正确的拼写规则	**水平 3**　有效地组织和呈现整篇文章，信息、思想和事件要有顺序和结构 **水平 4**　创建段落，在段落内要有凝聚性 **水平 5**　根据清晰性、目的和效果变换句子 **拼写要求**：使用正确的拼写规则

续表

关键阶段	KS1	KS2
写作、拼写测验题型	**写作测验** 设计测验允许儿童展示最好的独立作业 测验由两个形成对比的写作任务组成，一个较长、一个较短。测验使用与经验和想象力有关的主题 测验允许教师判断、决定测验任务的准确内容 大作文和小作文都应体现KS1阶段详细描述的英语学科目的、读者和形式。学生可以使用提供的计划单，但写作计划不计分 大作文要求儿童简要地书写 **水平1~3拼写测验** 由教师大声朗读，以一篇有图片的文章为基础，组成20个单词 拼写多音节的单词包括一般的多音节单词，与规则模式一致的多音节单词和复杂规则模式的单词	**写作测验** 一篇大作文和一篇小作文。大作文和小作文都应体现KS2阶段详细描述的英语学科目的、读者和形式 学生可以使用提供的计划单，但写作计划不计分 书法是写作任务评价的一部分 评分计划应与写作评价的关注点相联系，分成3个标准： 文章和感受（标准1~2） 文章结构和组织（标准3~4） 句子结构和标点符号（标准5~6） **拼写测验** 由主考官大声朗读，以一篇文章为基础，组成20个单词 拼写多音节的单词包括一般的多音节单词，与规则模式一致的多音节单词和复杂规则模式的单词 国家为拼写测试提供指导策略

（四）测验的组织与实施

在测验的组织与实施环节，NAA每年都会发布相应的评价与报告的安排文件（Assessment and Reporting Arrangements）来明确规定测验的时间和安排表。例如，表4所示的KS2阶段的安排表，什么时间测验什么，令学生、学校和评价机构看了一目了然。

表 4　2007 年 KS2 阶段的测验安排表①

5 月 12 日 星期一	5 月 13 日 星期二	5 月 14 日 星期三	5 月 15 日 星期四	5 月 16 日 星期五
科学测验 测验 A45 分钟 测验 B45 分钟	写作测验 小作文 20 分钟 大作文 45 分钟 拼写 10 分钟	阅读测验 阅读测验 45 分钟 有 15 分钟的阅读时间	数学心算测验 20 分钟 数学测验 A45 分钟	数学测验 B45 分钟

在安排测验时，不能给学校或者地方教育当局强加不必要的要求，或者强加给学生特殊的评价要求。学生必须进行系统的注册，才能接受国家课程评价。学生只要能达到经过教师评价的要求就能参加不同阶段的学业成就评价。NAA 一般还会举例说明自身的内部管理模式，让公众有一定的了解。

在安排测验的同时，NAA 还要确保学校和地方教育当局有理解教师评价过程和责任的材料。NAA 要培训外部评价者以便他们能够理解评分过程和自身的职责，外部评价者不能对校内的测验试卷评分。为了保证测验数据的准确和完全，NAA 还要建立检查和调整机制，来说明教师关心的评分质量和结果准确性的问题。NAA 要对参加测验的学校和个人提出的问题和抱怨做出回应，一旦测验过程完成了，学校和个人可以针对 NAA 的最终判断提出申诉，NAA 会展开对有关人员的职守调查和对评分过程的检查。

另外，从整个评价过程来说，课程与资格局会有一个监控的机制。QCA 监控和检查 NAA 组织的国家课程测验编制好以后的前测、最终的测验材料、测验的实施、评分和报告安排等方面的文本材料和具体实施过程。而 NAA 会收到来自 QCA 跟踪一段时间后的观察和调查结果的报告。报告里面包括 QCA 希望 NAA 当下或者在一个评价周期中的实施建议。NAA 在采纳这些建议之前，需要与 QCA 进行讨论。NAA 经过研究以后，提出相应的修改和实施建议。QCA 则比照测验对课程评价标准的达成一致情况，采纳有关建议，又提出建议通知 NAA，告知当年需要调整的重点是什么。这些检查和监控机制都是每年实行一次，而且相应的测验规章制度也会每年检查一次和更新一次。在这些检查和监控的过程中，其中的工作人员必须是没有参加测验编制和实施过程的专家和职员。

整个国家课程评价的组织和实施过程，通过文字的描述比较抽象，我们

① National Assessment Agency . Assessment and Reporting Arrangements [M]. NAA 2007: 1.

参照 QCA 的文件列出一个流程图（图 1），这样会更加清晰易懂。①

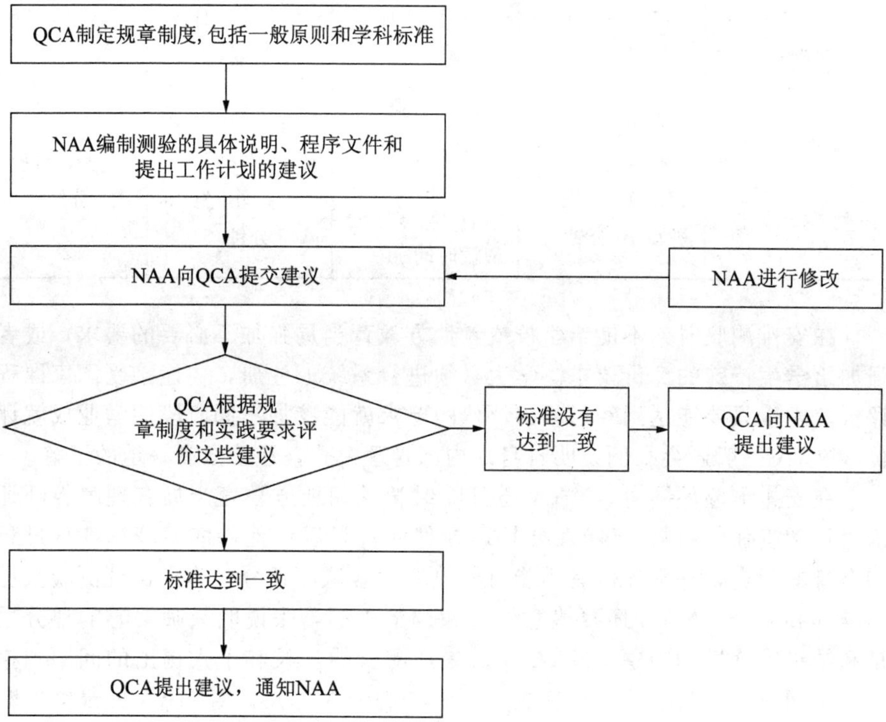

图 1　英国 QCA 学业成就评价的组织和实施流程图

（五）测验结果的报告

总体而言，NAA 负责全面准确地收集、检查和报告所有学生表现的数据。NAA 要准确地记录参加每一种测验的学生人数和学校；按照教育与技能部（DfES）的技术要求建立收集和检查学生在测验中的成绩数据的机器系统（robust system），并确保数据是准确、及时和完整的；在规定的时间内完成数据的分析，向学校、家长和有关机构报告学生的学业成就情况。

NAA 负责使用信函、出版物、电子媒体、会议讨论等方式，及时地向学校、地方教育当局等交流和传递所有有关法规规定的国家课程评价的信息。NAA 为了保证信息的交流和传递符合 QCA 的顾客服务标准，设立了热线服务电话以便处理测验管理等各方面的咨询工作，包括评价中的外部评分、数据收集和使用的安排等。

① Qualifications and Curriculum Authority . National Curriculum Assessment：Code of Practice [M]. The Qualifications and Curriculum Authority，2006：34.

在为测验评分这一环节，评分人员的任用和培训是非常严格的。在评分人员录用前，NAA 必须先制定一个所需人员的框架表、录用新的评分员和再次录用老评分员的标准；然后组织和实施培训，让所有的评分员接受一致的指导，使他们知道保持评分一致性的程序，接受评分过程所需要的技术培训。尤其是新的评分员在正式工作前，要在辅导人员的指导下进行适当的训练。评分人员在测验之前必须遵守必要的保密原则，不得泄露或者讨论测验的内容。

在确定学生的成就水平时，NAA 以及它下面的测验执行部门（test operation agency）需要确定达到每一个成就水平的分数阈限值（threshold）。每个学科的分数阈限值的确定是以国家课程水平描述为基准的，这样每个学生都能得到恰当的成就水平。成就水平一共有 1～8 个等级，其中 8 级是最高的。

评分结束后，QCA 会以各种形式向学生、学校和公众发布测验的结果。这样做的主要目的不是调整教育方法或纠正学习中的不足，而是对学生的成绩和进步进行总结。测验结果的报告形式根据对象的不同有所不同（其中学校层面的和国家层面的形式区别不大），详见表 5 和表 6。

表 5　2006 年 KS2 结束后学生学业成就评价结果报告表①

姓　名：	班　级：
英语测验结果	
阅读	成就水平
写作	成就水平
英语测验结果	成就水平
数学	
测验结果	成就水平
科学	
测验结果	成就水平
成就水平 3 以下代表了没有达到大多数 11 岁学生应该达到的全国标准。 成就水平 4 代表了大多数 11 岁学生应该达到的全国标准，水平 5、6 则表示超出了全国大多数 11 岁学生应该达到的全国标准。	

① KS2 Pupils' Results [EB/OL]. (2006) [2008-01-08]. http://www.qca.org.uk/eara/.

表 6　2005 年六年级全国学生学业成就评价结果报告表①

测验结果

项　目	在每个成就水平的百分比					
	低于水平 3	3	4	5	不能参加的学生	缺席的学生
英语	6	14	52	27	0	1
阅读	7	7	42	43	0	1
写作	7	29	48	15	0	1
数学	6	18	44	31	0	1
科学	3	10	40	47	0	1

① Year 6 pupil National Results [EB/OL].(2005)[2008-01-08]. http://testforms.naa.org.uk/testforms/templatesnotifications/keystage2/.

第四章

澳大利亚基于课程标准的学业成就评价经验

澳大利亚的学业成就评价有着英国的一些传统，但是具体的评价体系、评价制度和机构与英国的差异很大。在20世纪90年代，澳大利亚《国家学习要求》（*National Outcome Statements*）的出台标志着澳大利亚国家新课程政策体系的建立，国家在学业成就评价中慢慢占有重要地位。中央政府的影响力日益强大，并不意味着地方政府没有作为，而是两者之间有明确的分工合作以及不同的工作重点。

澳大利亚实行联邦体制，在教育管理上采取集中与分权相结合的管理模式。联邦有六个州和两个区享有学校教育立法权，它们分别设立各自的课程评价机构，在不违背国家课程原则的前提下，可以自行制定本州（区）的课程原则、评价标准、实施监测的规则。这种教育管理体制是经过几十年的改革形成的。在澳大利亚，以校外测验①的形式进行学业成就评价，也历经了从废除到今天以国家课程标准框架为基准的校外测验和校本评价的过程。本章主要以校外测验形式的学业成就评价为主体，探索澳大利亚基于课程标准的学业成就评价的发展历程，以及其评价的具体程序。

一、澳大利亚校外测验的改革与发展

早在“二战”以前，澳大利亚就有以校外测验来评价学生的学业成就的做法。然而，由于当时的校外测验没有明确的标准，给学校和学生带来了极大的负担。从 1950 年起，澳大利亚废除了小学阶段的校外测验，改为由学校自主评价或者校外机构认证。1967 年，维多利亚州率先废除了中学校外测验制度。随后，各州纷纷响应，逐步废除了中学统一的学校外部测验制度，突破了外部测验主导学校教学的框架，加速了学校课程权力的下放。例如，新南威尔士州教育部在 1972 年发布了文件，对州内各级教育机构的责任进行了重新界定：“州政府负责制定课程目标和课程开发指南；各地教育局协助学校进行课程开发；学校评估学生的需求，调整和开发适宜的课程。在不违背教育原则的前提下，州内所有的小学可根据学校的特点制定具体的教育目标，开发学校的课程方案。州政府在课程指南中对课程内容不作统一规定，而只阐述课程目标。学生的学业成就评价主要在校内进行。”②

到了 20 世纪 80 年代，教育质量成了全球教育改革的焦点，澳大利亚也不例外。如何保持和提升澳大利亚学校教育的质量以及学生的学业成就，成为了从联邦到各州、各地区共同关注的话题。1983 年，澳大利亚尝试颁布了《澳大利亚学校核心课程》(*Core Curriculum for Australian Schools*)，在全国范围内提倡、推广联邦政府制定的核心课程，以保证全国的教学实行统一的标准。1986 年，澳大利亚成立了由联邦和州教育部长组成的澳大利亚教育委员会（Australian Educational Committee)，促成了全国合作式的课程开发。同年，《改进澳大利亚的学校》(*Strengthening Australia's Schools*）颁布。它制定了全国性的教育发展计划，大力推行全国统一课程，设立全国性的共同课程框架和

---

① “校外测验”，也有翻译成“校外考试”的，意思与我国的统考相近，但规模更大，一般是州层面的教育考试，用于教育质量监测.

② 李群. 澳大利亚的课程评价制度. 教学与管理 [J]. 2004，7-8：33-37.

评价方法，确保教学内容适应国家经济发展的目标。1988 年，澳大利亚联邦政府采纳了制定国家课程与基本学力标准的构想，强调制定国家课程的目的是提高国民听、说、写的基本能力，减少州与州之间不必要的差异。同年 6 月，在澳大利亚各州教育部长会议上，各州达成了协议，表示愿意支持制定国家课程的建议。1989 年，澳大利亚联邦政府公布了《全国学校教育目标》（*The Hobart Declaration on National Goals for Schooling*）①，正式确立了澳大利亚全国统一的教育目标。澳大利亚联邦政府制定国家课程纲要，颁布学校办学质量指标，对三级教育机构的教育管理权力和责任做了明确的界定。

1993 年，澳大利亚出台了《国家成绩指标》（*National Outcome Statements*），标志着澳大利亚国家新课程政策体系的建立。《国家成绩指标》规定了中小学 K—12 年级的学习领域、学业评价的指标和评价的等级。同年，澳大利亚教育委员会制定了包括艺术、英语、健康与体育、外国语、数学、科学、社会环境常识和工艺 8 个主要学习领域在内的《课程标准框架》（*Curriculum and Standards Framework*），并在全国统一实施。但在整个 20 世纪 90 年代，澳大利亚校本化的倾向还是比较明显的。中央政府虽然颁布了国家课程纲要和学校办学质量指标，但是具体的教育事务是由各州的州政府直接负责管理的。

随着 21 世纪的临近和全球化竞争的日趋激烈，澳大利亚中央政府层面对教育问题投入了更多的关注和干预。他们认为，任何一个国家，如果它无法保证其儿童（实际上是所有的公民）拥有成功参与到经济建设中的知识和技能，那么，国民的生活标准与生活质量将无疑遭受影响。在学校教育中，澳大利亚开始感受到学校教育的质量已经出现了下降的倾向。第三次国际数学和科学评价（TIMSS）的结果就是一个明显的例证。从 1995 和 1996 年参加 TIMSS 测试的国家或地区的结果来看，澳大利亚的情况不太理想。在 1995 年，澳大利亚八年级学生数学能力排在第 16 名，远低于排在前 4 名的亚洲（地区）学生的结果。同时，澳大利亚学生的科学能力也较低，排在前 10 名之外，列在第 12 名。四年级学生的数学和科学的结果呢？在 1996 年，澳大利亚四年级学生的数学能力也排名于前 10 名之外，列第 11 名。四年级学生的科学测试的结果不错，排第 5 名，但仍然不及亚洲的韩国和日本的学生成绩。②

澳大利亚在学生成绩上，一方面存在国际比较上的不利状况；另一方面在国内又存在着各州之间难以比较的问题。譬如，各州对学校该教给学生什

---

① 这里有两种不同的翻译，还有译作《霍巴特宣言》，这里取其意译.

② National Center for Education Statistics of US Department of Education. The condition of educationl 1998 suplemental and Standard Error Tables [M]. Washington, D.C.: Govemment Printing office, 1999: 66－70.

么课程存在不一致意见；各州对监控学校教育质量措施的看法不统一，有的地方主张通过公共测试进行，有的地方建议通过检查的办法进行，也有地方建议结合两种做法来进行。①

1997年，澳大利亚所有的州、地区和公共福利部的教育部长达成了一个全国性的目标："所有小学毕业的学生都应该能进行一定程度的数学计算、阅读、写作和拼写。"② 之后，开始执行一个全国性的读写和计算评价计划（A National Literacy and Numeracy Plan，简称NLNP），希望为三、五、七年级的学生制定全国性的成就基准（benchmarks），而学生的学业成就评价和报告以此基准为依据。同时教育、就业、培训和青年事务部部长委员会（Ministerial Council on Education，Employment，Training and Youth Affairs，简称MCEETYA）也开始开发能比较不同州、地区的测验的全国一致的程序，希望通过这一程序来确保学生学业成就信息的收集是以读写和计算的基准为依据的。这一程序在2001年初步完成，主要由成绩测量和报告任务小组（Performance Measurement and Reporting Taskforce，简称PMRT）以及基准和教育测量处（Benchmarking and Educational Measurement Unit，简称BEMU）负责实施。

1999年，澳大利亚联邦、各州、地区教育部长在教育、就业、培训和青年事务部部长委员会（MCEETYA）共同签署了《阿德莱德宣言》（*National Goals for Schooling in the Twenty－First Century*），明确了澳大利亚学校教育的目标，构建了全国性的课程框架，为学业成就评价提供了依据。

2004年，澳大利亚发布了《学校协助行动法案》（*School Assistance Act Regulations*）。法案要求在2008年3月以前，要执行全国统一的测验标准，在读写和计算这两门学科上实施全国统一的校外测验。具体来说，是要在三、五、七、九四个年级进行全国统一的阅读、写作、拼写和数学评价。2006年，PMRT随机抽取了700名学生进行了试测。2008年5月，澳大利亚全国共有120万名学生，超过9000所学校参加三、五、七、九年级的全国读写和计算评价。③

至此，澳大利亚确立起了两级基于标准的学业成就评价体系。在国家层面实施的是全国读写和计算评价。在各州，除了可以进行全国读写和计算评价外，他们还负责其他学科的课程标准的编制和学业成就评价。

---

① Caldwell，B. J. and Hayward，D. K. The Future of Schools：Lessons form the Reform of Public Education [M]. Lundon：Falmer Press，1998：5.

② MCEETYA . National Report on Schooling in Australia [R]. 2000：2.

③ NSW Department of Education & Training . National Assessment Program for Literacy and Numeracy in 2008 [R]. 2007：1.

二、澳大利亚国家层面基于标准的学业成就评价

由于澳大利亚国家层面基于标准的学业成就评价在 2008 年才开始正式实施，我们无法具体研究其评价的实施过程。因此，在这里主要呈现澳大利亚国家层面基于标准的学业成就评价的概貌。

（一）全国读写和计算评价计划

读写和计算一直被认为是学校教学的重要内容，受到澳大利亚教育各界的关注。1997 年，澳大利亚新的国家目标明确指出，要“使每一个孩子在离开小学时都能进行一定水平的计算、阅读、写作和拼写”。为了更好地达到这一目标，各州教育部长随即签署了全国读写和计算评价计划，并在全国实行。其主要内容包括：尽可能早地对所有学生进行评价，鉴别和干预有可能无法达到国家目标的学生；开发三、五、七年级读写和计算的全国基准；基于基准进行学业成就的评价；进行全国基准信息的报告；帮助教师专业发展等内容。

基准是指在特定年级，全国学生统一可接受的读写和计算最低水平的描述和指标体系，是全国学生在读写和计算方面需要达到的“地板”标准，即最低标准。基准的组成包括对学业成就的具体描述和达到最低水平的作业样例。如表 1 中列出了澳大利亚三年级的语文（写作、阅读、拼写）写作基准。

表 1　澳大利亚三年级写作基准内容①

写作	√写一篇作文，要求使读者理解，且展示出对写作任务的基本理解 √作文要简要表述对写作任务和主题的一些观点 √作文要明确体现文章结构 √学生在作文中使用： 简单句和一些用 and，but，then，because 连接的长句 包含地点和时间信息的短语和字词（如 in park，Monday，today）与做事方法的短语或词（如 by bus，with spoon）； 符合主题的字词，包括特殊专业的字词 大写字母和句号基本正确 √样例 1　　样例 2（省略）

从表 1 可以看出，基准的表达言简意赅。它没有描述整个写作的学习，没有描述学生学习范围的全部，也没有描述学业成就的全部。它只是呈现了

① Curriculum Corporation. Literacy Benchmarks Years3，5&7 [EB/OL]. (2000) [2008-01-03]. http：//online. curriculum. edu. au/litbench/build. asp? pg=1.

写作在三年级应该达到的最低水平的核心和重要的元素。

基准的确立要根据学生当前的学业成就水平，同时参考各州、地区的课程框架，在合理必要的专业判断的基础上建立。

各州基于基准，在特定年级中进行读写和计算的测验。学生的学业成绩评价为“达成”或“未达成”，由此可以及早鉴别学习有困难的学生，并施予干预。全国基准每年的达成情况由 MCEETYA 编写的《澳大利亚全国学校教育报告》向社会进行基于基准的学生学业成就集体数据报告，并在州一级之间进行比较。

（二）全国评价计划

1999 年，MCEETYA 为了更好地监控全国学校教育目标的进展，制定了一个全国性的评价计划——全国评价计划（National Assessment Program，简称 NAP）。在 NLNP 和全国 KPM（Key Performance Measure）测验框架的基础上，NAP 不断得到发展和完善。

2004 年，《学校支持法》（*School Assistance Act* 2004）以法律的形式，极大地推动了学业成就评价的统一化，并对全国评价框架的形成提供了法律保障。

2005 年，MCEETYA 进一步提出，四年级和八年级参加 TIMSS 数学和科学的样本评价；开发全国认可的标准；开展学生达成率的全国比较①。此举正式将国际评价项目（主要是 PISA 和 TIMSS）引入澳大利亚的全国评价框架。

NAP 由 MCEETYA 下设的成绩测量与报告任务小组这一专门机构负责完善与实施。2008 起，NAP 的主要框架详见表 2。

表 2　NAP 2008 年框架②

	组织者	周　期	学　科	参与年级	考试类型
国家	MCEETYA	1 年 1 次	语文	三、五、七、九	统考
			数学		
		3 年 1 次	科学	六	抽考
			政治与公民	六、十	
			信息交流技术（ICT）		

① MCEETYA. Measurement Framework for National Key Performance Measures. [DB/OL]. (2007－05) [2008－01－12]. http://www.curriculum.edu.au/verve/_resources/2005_Measurement_Framework_Final.pdf.

② MCEETYA. National Assessment Program [EB/OL]. (2007－12－28) [2009－03－02]. http://www.curriculum.edu.au/mceetya/national_assessment_program_(nap), 16358.html.

续表

	组织者	周 期	学 科	参与年级	考试类型
国际	OECD (PISA)	3 年 1 次	科学、数学、阅读	15 岁	抽考
	IEA (TIMSS)	4 年 1 次	数学、科学	四、八	

三、澳大利亚州学业成就评价程序：以新南威尔士州为例①

新南威尔士州（New South Wales，简称 NSW）位于澳大利亚东南部，是澳大利亚人口最稠密的州，素有经济“第一州”的美誉。新南威尔士州公立教育系统是澳大利亚最大的学校教育系统。其基于标准的学业成就评价体系与昆士兰州和维多利亚州一样都比较成熟，但是新南威尔士州的体系更加清楚，故而选取新南威尔士州的评价程序加以梳理和介绍。

（一）评价的主要类型

从 20 世纪 90 年代开始，新南威尔士州教育与培训部（Department of Education and Training，简称 DET）为主要的学科制定州课程标准框架，随之进行学业成就评价。新南威尔士州在主要的学科领域都有相应的学业成就评价，根据评价目的和功能的不同可以将它们分成 6 种主要的评价类型（见表 3）。

表 3 新南威尔士州学业成就评价的主要类型②

组织管理部门	评价类型	评价年级	评价内容
教育测量和学校责任理事会	基本技能考试	三、五	阅读、听说、写作、数学
	英语语言与读写能力评价	七、八	听说、阅读与写作
	中学数学评价	七	数学
	中学科学基础评价	八	科学

① 本节内容得到华东师范大学课程与教学研究所博士生何珊云的帮助，在此深表谢意.

② George Cooney . Review of Statewide Assessment in the context of National Developments [DB/OL]. [2007-10-08]. http: //www. det. nsw. edu. au/media/downloads/dethome/yr2007/cooneyreviewfll. pdf.

续表

组织管理部门	评价类型	评价年级	评价内容
课程委员会	初中毕业考试	十	英语、数学、科学、澳大利亚历史和政治、澳大利亚地理和计算机技术等
	高中毕业考试	十二	英语、数学等上百门学科供选择

1. 基本技能考试（Basic Skills Tests，简称 BST）

这一考试对三年级和五年级学生在数学和语文上的学业成就进行考试，获得学生在语文（阅读、听说、写作）和数学（数字、测量和空间）方面的详细的诊断性信息。

从 1996 年起，这一考试开始使用垂直等值和水平等值的分析方法，即将三年级与五年级的测试结果等值放置到同一个量尺上，将不同年份的成绩等值到同一个量尺上。同时，每年采用拉希模式（Rasch Model）对学生能力和题目难度进行评估。这些数据分析方法使我们可以对不同年度的学生整体成绩进行比较，也可以确定学生个人和学生整体从三年级到五年级成绩的变化情况。

报告学生成绩的量尺包括 6 个等级：三年级为 1～5 级，五年级为 1～6 级。学生报告单呈现学生已达到的标准时，通常包括两个因素，即学生在该等级中的排名位置以及该等级占学生总数的百分比。

2. 英语语言与读写能力评价（English Language and Literacy Assessment，简称 ELLA）

ELLA 是对七年级和八年级学生的英语（语言和读写）知识和能力进行的评价，评价学生在阅读、写作、听说方面是否已具备一定的能力，是否已达到学校课程中所有学科需要的读写要求。

这一考试是 1997 年新南威尔士州语文战略计划的一部分，于 1998 年开始正式实行。和 BST 的报告一样，ELLA 的报告也包含了相同的两个因素，即学生在等级中的排名位置和该等级所占的学生百分比，这可以帮助学生了解自己已经达到的标准，并对自己在群体中的相对位置有一定的认识。有所不同的是，ELLA 的考试成绩不是分为 6 个等级，而是分为差、合格、良好、优秀 4 个等级。

3. 中学计算评价项目（Secondary Numeracy Assessment Program，简称 SNAP）

SNAP 考试针对七年级学生的计算学业成就进行评价，八年级的学生也可以参加。其报告的方式与 ELLA 相同。

4. 中学科学基础评价（Essential Secondary Science Assessment，简称 ESSA）

ESSA 针对八年级学生的科学学业成就水平进行测试。不同于其他考试，这一考试有两个作用。第一个作用是提供学生在第 4 阶段（7～8 年级）科学学业成就的全面报告；第二个作用是加强教师和学生对科学考试的关注度，为参与国际科学考试（PISA 和 TIMSS）做好准备。

5. 初中毕业考试（School Certificate，简称 SC）

初中毕业证书考试对学生的多个学科领域进行评价，记录了学生在第 5 阶段（9～10 年级）的学习成就，并对达到标准的学生授予初中毕业证书。澳大利亚已有不少州取消了初中毕业证书，但 NSW 依旧保持这一证书制度。

初中毕业证书从 1965 年开始在 NSW 实行，其考试形式随着澳大利亚教育变革的取向几经变化。从完全的纸笔考试，到学校范围内的校本评价，再到目前的形式，即校本评价和外部评价相结合。其中，外部考试的主要范围是英语、数学、科学、澳大利亚历史和政治、澳大利亚地理和计算机技术。学生的学业成就将基于这些学科的标准进行报告。

6. 高中毕业考试（High School Certificate，简称 HSC）

高中毕业证书记录了学生在第 6 阶段（11～12 年级）的学业成就。其评价科目完全根据教学大纲的规定，学生根据自己的选课参加考试。在 2005 年 HSC 就有 116 门考试科目。学生的学业成就将基于教学大纲中的标准进行报告，分为校本评价和 HSC 考试成绩两部分，呈现出学生在所选学科中的学业成就情况。校本评价占总成绩的 50%，包括学生完成课程模块的学习，完成指定的校本评价作业，并符合规定的出勤要求，总成绩的另外 50% 则取决于 HSC 的考试成绩。

（二）评价的组织与实施

1. 组织机构

新南威尔士州州级学业成就评价主要由新南威尔士州学习委员会（Board of Studies）和教育测量与学校责任理事会（Educational Measurement and School Accountability Direcotrate，简称 EMSAD）负责组织和实施。

《1990 年新南威尔士州教育改革法》的颁布启动了 NSW 教育改革的进程，同时也对教育组织管理机构进行了重建。新南威尔士州课程委员会就是在这一背景下于1990年建立的一个具有法律效力的教育机构，并与州教育培训部一起，成为NSW教育部下设的两个机构，直接向部长负责。

课程委员会的主要职责为①：制定适合公立和非公立的幼儿园到学校十二年级（K—12）的教学大纲；管理NSW的初中（十年级）毕业考试和高中（十二年级）毕业考试；评价学生学业成就并对达到要求的学生授予高质量证书；通过开发、交流和实施教育政策和开展教育实践改进教育质量；对评级、政策和程序的评价提供意见；通过注册和鉴定，改进非公立学校的教育质量；有效管理教育资源。

教育测量和学校责任理事会是DET中的一个部门，具体负责新南威尔士州教育测量和学校职能管理。

2003年11月，教育测量理事会（Educational Measurement Directorate）成立，极大地推动了新南威尔士州州范围的测试和报告、英才班（opportunity class）和精英学校（selective school）的选拔、学校系统的数据分析，并支持地方进行数据收集和分析、学校自我评估、学校年度报告。2005年2月，教育测量理事会更名为教育测量和学校责任理事会，主要负责实施和发展州范围内的三、五、七年级数学和语文的评价项目。

2. 实施程序

NSW评价项目虽然针对不同年级和不同内容，但在实施管理的流程中，却大致依循三个阶段。

• 制订计划：澄清考试目的，获取支持和资源。

• 获取数据：考试实施和评分。

• 使用数据：数据分析，向学校与家长提供信息，评价学校和学校系统的有效性。

以基本技能考试项目为例，其具体管理程序分为考前安排、考试时的安排和考后安排三个阶段，不同阶段有不同的实施程序（见表4）。

① NSW Board of Studies. About the Board [EB/OL]. [2008－04－08]. http://www.boardofstudies.nsw.edu.au/contacts/.

表 4　BST 考试项目的实施程序①

考　前	考　时	考　后
√确保校方为学生做好考试准备 √安排好考试日期和时间 √缺考、免考情况登记以及提供特殊服务 √做好与家长、社区和学校的沟通工作 √相关信息的翻译工作 √考试材料的运输安排 √应急措施的准备	√进行考试过程管理 √回收完成的考试材料 √送回完成的 BST 考试材料到考试管理部门	√运用 SMART 软件完成学校评价报告的数据包 √向家长报告评价情况 √对低成绩学生进行确认 √考试结果数据的保存 √在法律范围内进行结果的运用

(三) 评价结果的报告

1. 报告：提供反馈

EMSAD 向家长和学校提供详细明确的诊断性信息。所有的报告都是基于教学大纲的具体标准，并在州的层面进行学生整体成绩的比较，包括与历年成绩进行比较和不同学生整体之间的比较。

课程委员会将评分中心的报告公布在委员会的网站上，提供有关学生成绩的信息，以帮助学校制订计划。

2. 服务：给予支持

EMSAD 向学校提供包括学校报告和一些辅助材料在内的纸质和电子格式资料，并成功开发了目前国际最先进的软件（SMART）。这种软件功能强大，使用方便，为进一步进行地区、学校系统和班级层面的数据分析提供了可能。此外，EMSAD 为教师提供了评价和测试评分的专业学习，如请教师参加考试的座谈和考试材料的实验，大大推动了考试、课程和课堂教学之间的联系。

课程委员会也向教师、学生提供教学大纲、HSC 考卷材料、评分中心报告和标准资料包等材料，并向教师提供教学大纲、课程标准的专业学习。所有教师还可以通过网络从评价资源中心获得更多的材料。

① Educational Measurement and School Accountability Directorate [EB/OL]. (2007－01－10)[2008－01－18]. http：// www. det. nsw. edu. au/directorates/schoimpro/EMD/bst _ publications. htm.

第五章

加拿大基于课程标准的学业成就评价经验

加拿大与前面所述的三个国家不同，它没有国家层面的学业成就评价，有关学生学业成就评价的事务由各个省自己负责。加拿大各省基本都在20世纪90年代进入基于标准的评价改革。本章先简单描述加拿大各不同省份的改革进程，然后着重以安大略省为例探讨其基于课程标准的学业成就评价经验。

一、加拿大各省基于标准的评价改革进程

这里主要选取几个有代表性的省份——魁北克、安大略、阿尔伯塔省和英属哥伦比亚省——来提供加拿大基于标准的评价改革进程的概貌。

以魁北克省为例。魁北克省在20世纪90年代初，重新设计省教育部制定的职业教育课程（Vocational Education Program）时，就开始了基于标准的改革（Standards-based Reform）。经过了大约三年时间，魁北克省为不同的学习领域制定了一百五十多份省级课程文件，其中主要是内容标准。内容标准以能力的形式来表述，而且对形成性评价和终结性评价有统一的要求。20世纪90年代中期，一个由教师、课程专家和教育部成员组成的任务小组修订了从幼儿园到小学六年级的课程，它采用的也是同样的课程模式。这种基于标准的新课程有三年的执行期，2000—2001学年开始正式实施。2001年的《魁北克省学前和小学教育课程》（*Quebec Education Program-Preschool and Elementary Education*）明确规定：各项能力的评价要有评价量规（rubrics），评价量规应集中关注评价标准、基本的知识和技能、关键特征以及一段时间后的学习结果。① 2002年，魁北克省对中学课程（1～4年级）也进行了修订，同样采用内容标准的形式对课程做出了规定。新课程从2003～2004学年开始试行三年，然后正式实施。魁北克省结合原有的省级学业成就评价测验，着重在三、六、九年级尝试着进行了基于课程标准的学业成就测验。

以安大略省为例。从20世纪90年代开始，安大略就设有全省范围的学校学业成就指标项目（School Achievement Indicators Program，简称SAIP），项目中规定对13～16岁学生的阅读、写作、科学和数学水平进行测试；安大略省还参与了第三届国际数学和科学研究项目（The Third International Mathematical and Science Study，简称TIMSS)。在1993—1994学年和1994—1995学年，安大略省举行了九年级学生的阅读和写作学业成就评价。

在1999年，安大略省教育部（Ministry of Education）发布了新的九、十年级的课程文件。这标志着安大略省为开始进入了基于标准的教育模式（Standards-based Education Model)。② 课程文件明确列出了学生在学程结束后能达到的“明确而具体的课程目标”，并且，新的课程还提供了详细描述的成就水平，来帮助全省教师一致地对学生做出评价。在2000年，安大

---

① Quebec Education Program- Preschool & Elementary Education [EB/OL]. [2008-04-08]. http://www.meq.gouv.qc.ca/dfgj/program/educprg2001h.htm.

② Ontario Ministry of Education . Grade 9 and 10 Curriculum [DB/OL]. [2007-04-08]. http://www.edu.gov.on.ca/eng/curriculum/secondary/math910curr.pdf.

略为所有中学提供了基于标准的课程。为了促进学生的学习，同样为所有的课程规定了学业成就水平（以成就水平评价表的形式呈现，总共分为 4 个水平）。这样做的背后设想是："评价和评估的首要目的是要促进学生的学习。通过评价收集的信息有助于教师确定学生在达到课程目标方面，哪些掌握得比较好，哪些还需加强。评价过程是一个收集不同信息来源、准确反映学生是否达到了课程要求的过程。"① 同年，安大略省为学生的所有的成就水平提供了范例。通过明确而具体的学生表现的范例来促进全省对学生表现评价的一致性，同时改进学生的学习并在课程目标和成就标准之间建立联系。同时，1996 年开始成立的学业成就评价机构——教育质量与责任办公室（Education Quality and Accountability Office，简称 EQAO）不断改进，作为省政府的助手，负责开发基于标准的学业成就评价，报告中学教育质量和效率，把阅读、写作和数学作为所有学习的基础，规定三年级、六年级、九年级三个关键年级的所有学生都必须接受读写能力和计算能力（literacy and numeracy achievement）的考核，等等。安大略省至此形成了一个完备的基于课程标准的评价体系，在本章第二部分我们会详细描述。

以阿尔伯塔省为例。在 1997 年，阿尔伯塔省政府下面的政策与规划处（Policy and Planning Division）建议讨论新的省级学生评价模式，指出新的评价模式应该在评价学生的学业成就时，平衡各种评价程序、类型和评价工具，并提出了省级的标准化考试设想。虽然不清楚阿尔伯塔学习处（Albert Learning Division）对此的具体反应，但是从它 2000 年制定的英语、社会等课程文件（幼儿园到九年级）来看，内容标准的味道是很浓的。在 2002 年，阿尔伯塔学习处设立了阿尔伯塔学习特别委员会来检查从幼儿园到十二年级的教育系统，并向学习处提供建议。之后，学习处明确了实施基于标准的教育的思想，开始重新设定标准和修订课程，并开始了基于课程标准的问责和评价。

阿尔伯塔省主要且统一的省级学业成就测验有：三年级的所有学生参加写作成就测验，六、九年级的所有学生参加语言艺术、数学、科学和社会的成就测验。测验以多项选择题为主，辅之以建构性反应题。它们具体由学习者评价处（Learner Assessment Branch）负责组织和实施。

和加拿大其他省不同的是，阿尔伯塔省有一个非营利性的机构——阿尔伯塔省评价协会（Albert Assessment Consortium，简称 AAC）——来负责课堂层面的学生学习评价。尽管不是一个政府机构，AAC 与学习者评价处合作开发了大量直接与阿尔伯塔省年段课程标准一致的评价材料。AAC 主要开展了以下工作：在课堂评价领域为教师提供专业发展的机会，与其他评价机构合作建设了课堂评价的资源网站（网址是 http：//www. aac. ab. ca），

---

① Ontario Ministry of Education. Program Planning and Assessment. The Ontario Curriculum Grade 9—12. [DB/OL]. [2007—04—08]. http：//www. edu. gov. on. ca/eng/curriculum/…/progplan912curr. pdf

网站向所有阿尔伯塔的学区和学校开放。①

以英属哥伦比亚省（British Columbia）为例。在 20 世纪 90 年代早期，英属哥伦比亚省教育部就开始研究和开发基于结果的课程模型。经过与课程编制者、教师、学者和学生的多次咨询与讨论，基于学习结果的课程模型形成了。1995 年，英属哥伦比亚省教育部开始公布新开发的课程文件（也称整合资源包，Integrated Resource Pachages，简称 IRPs），详细地列出了学生在每个学科和每个年级的具体课程中应该知道什么和能做什么。现在，这些具体描述的学习结果是英属哥伦比亚省教育部建立基于标准的教育系统的内容标准。而且，英属哥伦比亚省教育部开始向关注学生成就和有关各方责任的基于标准的系统转变。英属哥伦比亚省教育部部长克拉克（Clark R.）在 2001 年，一次选举良好的教育委员会（Select Standing Committee on Education）上的讲话更是明确地指出："毕业率将作为督学工作责任的一部分，同样，辍学率在许多其他场合也是如此。如你所知，英属哥伦比亚省有 38％的辍学率，这是一个可怕的数字。我们必须做点什么来改变这种状况。同样惊人的是，我们这里只有 75％的学生从中学毕业。我们肯定能做得更好。我们通过设定标准和各方的责任来使学区和学校做得更好，并且每年都有所提高。"② 目前，英属哥伦比亚省教育部用来改善学生成就的主要战略是利用 2002 年建立的"成就标准司"（Achievement Standards Branch）来编制有关的课程标准，并进行严格与课程标准匹配的学业成就测验，从而建立基于标准的教育系统。"成就标准司"的首要目标就是编制与学科和具体的年级内容标准直接匹配的成就标准和评价体系，支持教师通过评价促进学生从幼儿园到十二年级的成功。向基于标准的教育系统的转变要求形成并执行省的内容标准和成就标准，同时开发有效的评价工具以支持教学和问责。

二、加拿大基于课程标准的学业成就评价经验：以安大略省为例③

安大略省（以下简称安省）是加拿大第二大省，南与美国毗连，是加拿大的政治、经济中心，也是加拿大的教育中心。多年来，安省的教育机构一直致力于学生学业成就水平的提升，并取得了明显的成效。尤其近几年，安省中小学学生在阅读、写作和计算这些学科的基础知识技能方面的水平持续上升。这在很大程度上归功于安省的教育质量与责任办公室的设立及其对全

---

① Ministry of Education，British Columbia . Standards - based Assessment winthin a Standards - based Education System：Literature Review [M]. Ministry of Eduacation，British Columbia. 2002：17.

② Clark. Standards－based Assessment Within A Standards－based Education System：Literature Review [M]. Ministry of Education British Columbia，Canada，2001：29.

③ 安大略省部分的内容得到华东师范大学课程与教学研究所秦冬梅硕士的帮助，在此深表谢意.

省考试的管理与实施。EQAO 在十多年的评价实践中通过不断的改革与发展，逐渐形成了一个对学生、教育者和家长都有帮助的综合评价体系。

（一）学业成就评价的目标与内容

安省学业成就评价的目标和内容以安省全省统一的课程标准为基础。安省在设计学生学业成就评价时注重教育性的要求和测量学的要求，清晰反映评价目的以及评价与课程标准的关系。安省的课程标准中不仅规定了中小学各年级各学科的内容标准框架（表 1），还对每部分内容做了详细说明。同时，对各内容框架的总体目标（overall expectation）和具体目标（specific expectation）——即学生在各年级末需要掌握的知识和技能——标准中都做了规定。统一的学业成就评价考察的就是三、六、九年级的学生是否达到了课程标准里规定的学生所在年级的阅读、写作、数学的课程目标。学业成就评价的试题编制要求与课程标准严格匹配。

表 1　安省三年级的考试内容标准框架①

数　学	阅　读	写　作
数感和数的运算 测量 几何和空间的认识 数学模型和代数 数据处理和概率	有意义地阅读 理解文章结构和风格 流利地阅读 反思阅读技巧和策略	发展和组织内容 运用文章结构和风格的知识进行写作 有效运用语言惯例进行写作 反思写作技巧与策略

各个学科中的不同内容领域是学生学业成就评价的内容领域来源。以安省三年级数学为例，其数学课程标准对每个领域的内容都做了具体的规定。具体如下。②

数感和数的运算：按顺序数到 1000；说出 10 美元以内的货币值；分解、组合三位数；理解分数；逐一、逐二、逐五、逐十、逐二十五、逐百地数数；用不同算法做三位数加减法；联系生活实际做一位数的乘除法。

测量：以“千米”为单位测量距离；说出前后五分钟内的时刻；识别温度计的刻度；用标准单位测量周长；用“千克”测量质量、用“升”测量容积；用方格计算面积；比较物体的长度、质量和容积；了解年、星期、天、小时、分之间的关系。

几何和空间感：用提供的工具测量角度、比较角度大小；根据边、角（几何特征）对平面图形进行分类；根据面、边和顶点对立体图形进行分类；

①② Ministry of Education. The Ontario Curriculum Grades 1－8：Mathematics，2005（revised）[DB/OL].[2008－01－12]. http：//www. edu. gov. on. ca/eng/curriculum/elementary/math18curr. pdf.

了解不同四边形之间的关系；叫出棱柱和棱锥的名字；辨认图形；描述图形在方格纸上的运动；辨认图形转换。

图形和代数：放大或缩小图形；用矩阵、实线和条线图来呈现几何图形；解一位数或两位数的加减法算式；理解 0 和 1 在乘法中的意义。

数据处理和概率：用两个以上的数据属性对数据进行分类；收集或组织已分类的数据和分散数据；阅读平面坐标系里的数据或用平面坐标系表示数据；理解众数；预算事件发生的概率；联系绝对事件和概率事件。

课程标准中对于每一类内容还有更详细的总体目标和具体目标的叙述，这一块的内容在具体的测验编制中是试题编制的直接依据。在“数感和数的运算”这一领域中，三年级学生的总体目标和具体目标，可以参见表 2。

表 2　安省三年级数学“数感和数的运算”的总体目标和具体目标①

总体目标	具体目标		
	数量的关系	计数	数的运算
读、写、比较 0 到 1000 的整数并进行排序，表示分数，认识 10 美元以内的货币值 判断数的大小，从不同的数开始往前/往后数数 用不同算法进行一位数和多位数的加减法运算并用它来处理问题，能示范对乘法和除法的理解	用不同的方式书写、比较 0 到 1000 的整数并进行排序 在具体情境中读写数字 识别并表述各数位上数字的意义 用百、十、一合成或分解三位数 在实际问题中取两位数的相邻整十近似值 用 1，10，100，1000 解释或表示单位换算 把东西分成几份，用分数指出不同部分的比例 表示或描述 10 美元内各种硬币和纸币的关系 用美元符号估算、计算和表示一堆硬币或纸币的价值 解决现实生活中和 1000 以内的整数有关的问题	从不同的数开始逐一、逐二、逐五、逐十、逐百地数到 1000 从 25 的倍数逐 25 地数到 1000 从 100 逐二、逐五、逐十地往回数 从 1000 或小于 1000 的数逐百往回数	用不同的算法计算两位数的加减法，并用它来解决问题 用学生固有的运算法则或标准的运算法则计算三位数的加减法 用估算解决现实问题中的加减法，判断策略的合理性 对货币进行加减法运算 在实际生活中运用一位数乘除一位数 计算 7×7 以及 49÷7

① Ministry of Education. The Ontario Curriculum Grades 1－8：Mathematics，2005 (revised) Language，2006 (revised) ［EB/OL］. ［2010－04－01］. http：//www. edu. gov. on. ca/eng/curriculum/elementary/math18curr. pdf.

(二) 学业成就测验的编制与实施

安省统一的学业成就测验的开发是由各个专业委员会分别负责的。具体来说是：由试题编写委员会（Item Writing Committee）主要由课程专家和学科领域的专家组成——负责编制试题，并在一定范围内进行试测；由评价开发委员会（Assessment Development Committee）来确保测验与课程目标相匹配；由公平委员会（Sensitivity Committee）来保证试题不会对任何学生群体产生不利的影响；由心理测量专家小组（Psychometric Expert Panel）来负责测验编制的效度。

EQAO 负责测验设计和开发的整个过程，但在每一个环节（包括试题选择、试题内容审查、评分规则确定、试题效度和信度的审查和确认、现场试验、测验管理、测验评分和学业成就评价报告）中都有一定数量教师的参与。

学业成就测验试题的类型主要有：多项选择题和建构性反应题（与我们的简答题和论述题类似）两类。从具体学科来说，阅读主要是多项选择题和建构性反应题；写作主要是多项选择题和长、短文写作；数学主要是多项选择、简答题和应用题。试卷的构成采用矩阵取样的技术（matirx sampling）。以三年级的数学试卷为例，一部分是共同题（common items），这些题目所有学生都要做，大约占 80％的考试时间；另一部分是矩阵取样设计的试题，大约占据考试时间的 20％。

安省把阅读、写作和数学作为所有学习的基础，规定三年级、六年级、九年级三个关键年级的所有学生都必须接受读写和计算学业成就（literacy and numeracy achievement）的测验。三个年级的学生参与的考试科目或内容如表 3 所示。每年的一月份举行九年级第一学期的计算学业成就评价，三月份进行安省中学读写学业成就测验（Ontario Secondary School Literacy Test，简称 OSSLT），五月或六月进行三年级、六年级的阅读、写作、计算学业成就评价和九年级第二学期的计算学业成就评价。

测验结束后，EQAO 从教师中严格筛选评分员，并对他们进行培训、再培训。经过培训，评分人员要了解 EQAO 关于考试及其评分的相关规定，效度和信度的重要性以及评分过程和评分规则。在正式评分前评分人员还要再次进行试测，由多位评分人员对同一答卷进行评分（评分人员不知道学生的学校和姓名）。EQAO 将对盲评的一致性进行考察，当 EQAO 确认盲评达到一致性要求时，评分人员才可以正式开始评分。在实际评分过程中，每组学生的试卷由两位随机组成的评分员来评，以确保评分的准确与公正。①

表 3　安省学业成就评价年级和科目②

年　级	考试科目/类型
三	阅读、写作、计算
六	阅读、写作、计算
九	计算、读写学业成就测验

(三) 学业成就测验结果的报告与运用

1. 学业成就测验结果的报告

学业成就测验结果报告的是学生的学业成就水平。课程目标中所要求掌握的知识技能被分为四类——知识和理解、思维和探究、交流、应用，这四类又分出一些子类目并加以描述，每一种子知识技能有四个等级水平，如表 4 所示。其中 L3（Level 3）被规定为省级学业成就标准。L1（Level 1）表示远低于省级标准，L2（Level 2）表示学业成就水平接近省级标准，这两者都表示未达到标准。L4（Level 4）表示超过省级标准。从 L1 到 L4 这四种水平分别用四个限定词——有限（limited)、一些（some)、相当（considerable）和高水平（high degree）或完全（thorough）来表述。为了计算的方便和更加直观，等级水平会结合百分数来表示（表 5)。

表 4　1~8 年级数学的学业成就水平量表③

分　类	L1	L2	L3	L4
知识和理解				
数学知识内容（例如事实，术语，程序性技能，工具的使用）	表述有限的知识内容	表述一些知识内容	表述相当的知识内容	表述所有的知识内容

① Quality assurance in marking [EB/OL]. [2009－01－02]. http://www.eqao.com/Educators/Elementary/036/QA － Marking.aspx? Lang = E&gr = 036&Aud = Educators&App = Educators&gb=true.

② What testing does EQAO do [EB/OL]. [2008－1－10]. http://www.eqao.com/AboutEQAO/GeneralQuestions.aspx? Lang=E.

③ Ministry of Education. The Ontario Curriculum Grades 1－8: Mathematics, 2005 (revised) [DB/OL]. [2008－01－12]. http://www.edu.gov.on.ca/eng/curriculum/elementary/math18curr.pdf.

续表

分　类	L1	L2	L3	L4
理解数学的概念	表述有限的概念理解	表述一些概念理解	表述相当的概念理解	表述所有的概念理解
思维和探究				
解题计划技能： 理解题目（例如阐明、解释问题，推测、假设题目） 制订解题计划	有限效度地使用解题计划技能	一定效度地使用解题计划技能	相当效度地使用解题计划技能	高效地使用解题计划技能
解题实施技能： 执行计划（例如收集数据，质问，尝试，修订，建模，解答，推断，得出结论） 检查解决方案（评价合理性，得出可信结论，推论，证明，检验，反思）	有限效度地实施解题技能	一定效度地实施解题技能	相当效度地实施解题技能	高效地实施解题技能
使用批判性/创造性思维的过程（例如问题解决，探究）	有限效度地使用批判性/创造性的思维	一定效度地使用批判性/创造性的思维	相当效度地使用批判性/创造性的思维	高效地使用批判性/创造性的思维
交　流				
以口头、图表、书写的形式（如图示、代数公式、具体材料）组织表达观点和数学思想（如澄清数学表达式和逻辑组织）	有限效度地组织表达观点和数学思想	一定效度地组织表达观点和数学思想	相当效度地组织表达观点和数学思想	高效地组织表达观点和数学思想
以口头、图表、书写的形式与不同人（如同学和教师）进行不同目的的交流（呈现数据，证明解题方案，表达数学观点）	有限效度地与不同人进行不同目的的交流	一定效度地与不同人进行不同目的的交流	相当效度地与不同人进行不同目的的交流	高效地与不同人进行不同目的的交流

续表

分类	L1	L2	L3	L4
以口头、图表、书写的形式使用学科的原理、词汇、术语（如专业术语和符号）	有限效度地使用学科的原理、词汇、术语	一定效度地使用学科的原理、词汇、术语	相当效度地使用学科的原理、词汇、术语	高效地使用学科的原理、词汇、术语
应用				
在相似情境中应用知识和技能	有限效度地在相似情境中应用知识和技能	一定效度地在相似情境中应用知识和技能	相当效度地在相似情境中应用知识和技能	高效地在相似情境中应用知识和技能
迁移知识和技能到新的情境	有限效度地迁移知识和技能到新的情境	一定效度地迁移知识和技能到新的情境	相当效度地迁移知识和技能到新的情境	高效地迁移知识和技能到新的情境
建立不同情境之间的联系（例如数学中概念、陈述和形式之间的联系，先前知识和经验的联系，数学和其他学科以及现实生活的联系）	有限效度地建立不同情境之间的联系	一定效度地建立不同情境之间的联系	相当效度地建立不同情境之间的联系	高效地建立不同情境之间的联系

表5　学业成就水平的百分数范围与水平描述

百分数范围	学业成就水平	成绩描述
80～100	4	成绩十分优秀，高于省级标准
70～79	3	成就优秀，达到省级标准
60～69	2	中等成绩，低于但接近省级标准
50～59	1	成绩通过，低于省级标准
50以下		成绩未达到课程要求

2. 学业成就测验结果的运用

在学业成就评价结束后，EQAO 会及时提供报告，报告分成个人报告、学校报告、校董会报告和省级报告，相关的数据处理结果及其反馈信息将以文档形式放在 EQAO 的官方网站上方便用户访问。其中省级的学业成就测验结果报告主要由一般性报告、趋势分析、结果概述、给教师的建议和成功学校案例五个部分组成。下面以 2004～2005 学年安省省级学业成就评价结果报告中有关三年级的报告为例予以说明。①

一般性报告：用图表的方式展示各个年级各个科目的考试结果，并且与近五年的考试结果进行比较。图表内容包括历年考试的参与人数、各学科通过省级标准的学生比例，同时在图表下方呈现相应的文字描述：先对该年度的学业成就评价成绩进行概述，再与历年数据进行比较，如“在 2004～2005 学年，三年级学生的学业成就水平继续进步，在阅读方面 59%的学生在省级水平以上，写作和数学则分别有 61% 和 66%的学生在省级水平以上，比 2003～2004 学年分别提高了 5%、3%和 2%”。

趋势分析：首先呈现背景信息分析，包括参加学业成就评价的学生人数，男女比例，在加拿大生活的时间（针对移民而言），是否换过三所学校及以上等基本信息。再分析各个水平阶段的学生百分比，并与历史数据进行比较。另外该部分还呈现历年男女生达到省级标准的比例及相应说明。

结果概述：按年级概括数据分析的结果。

给教师的建议：EQAO 基于学业成就评价的数据，对数据的具体情况进行分析，发现学生在考试中遇到的问题，如“学生不理解问题中的诸如‘解释’‘对比’等关键词”“一些学生不理解数学试卷中的问题”等。根据这些问题，EQAO 给教师们提出有针对性的建议，如“帮助学生理解这些词的要求”“教师要让学生懂得仔细阅读数学问题的重要性，并帮助学生形成阅读、理解问题的策略”。

成功学校案例：成功学校的案例展示那些能促进学生学业成就的因素，如读写和计算的小组学习，高质量的教学，家长的参与等。

---

① Education Quality and Accountability Office. The Grade 3, 6 and 9 Provincial Report, 2004-2005: English-Language Schools [DB/OL]. [2008-01-11]. http://www.eqao.com/pdf_e/05/05P026e.pdf.

第六章

国际经验及其启示

基于课程标准的学业成就评价到底应该追求什么？国家、地方、学校等各个层面的职责是什么？基于课程标准的学业成就评价的基本步骤或环节有哪些？它怎么才能促进学生的学习？通过前面四个国家的案例比较，我们能得到什么样的经验和启示？我们应该如何构筑我们自己的基于课程标准的学业成就评价体系和实践？

通过考察上述几个发达国家在学业成就评价方面的做法，我们可知，学业成就评价在各国都受到了相当程度的重视，有些国家甚至以法律的形式规定其管理与实施。详细考察国际经验，对我国实施基于课程标准的学业成就评价具有很多有益的启示。

一、从国际经验看基于课程标准的学业成就评价

(一) 促进学生的学习和发展是学业成就评价的根本所在

学业成就评价一方面是为了满足政府和公众问责的需要，为他们提供权威的、可靠的学业成就评价报告；但更为重要的另一方面是为学生的学习提供改进的依据和对策。在翻看中、美关于教育评价或者学业成就考试方面的文献或新闻时，我们经常发现有这样的理念冲突：美国学校对孩子进行“考试”，目的是为了发现问题，改善之；中国学校对孩子进行“考试”，目的是为了发现问题，淘汰之。当然，这样说并不是崇洋媚外，美国的考试同样存在反教育的一面，尤其是在高利害考试和问责的压力下。我们想说的是，应该对考试或评价有一个根本的定位，那就是促进学生的成长。之所以要进行基于课程标准的学业成就评价，是因为我们希望能从根本上保证所评价的内容就是我们期望学生完成的目标，而不是超范围地出一些偏题怪题，不是以考倒学生为目的。

以美国俄亥俄州为例，它在这方面的做法主要体现在学业成就考试结果的报告和运用中。在考试结果的报告中，不仅仅停留于给学生一个笼统的总分，而是按照内容标准的框架逐项给分，具体反映学生在某一学习领域各个方面的成就；不仅报告学生对知识的掌握情况，而且反映学生的学习过程、学习方式等更全面的信息。这样的一份报告，给学生、教师和家长带来的更多的是关于学生在具体的知识技能、过程方法等方面的优势与不足的信息，是进一步改善、促进学生学习的依据，而不仅仅是一个可以比出高低上下的数字或等第。同时，俄亥俄州还规定每个学区给那些在前一年的考试中达不到最低线的学生提供干预措施。另外，为了“不让一个孩子掉队”，俄亥俄州还专门制定了适应性政策（accommodation），关注每一个学生的个性发展和需要，强调对学生的尊重与关怀，注重为学生提供多样化的评价手段和评价机会，构建了多元的评价标准体系。

美国国家层面的国家教育进展评估（NAEP）同样也是旨在促进学生的学习和发展，而并非仅仅是甄别与问责。因此，NAEP 有明确的功能地位，联邦政府或其他部门不能借用 NAEP 的评价结果来建立、要求或影响州或地方的标准、评价、课程，包括教学计划、教科书、教学实践等。也就是说，

NAEP 是为教学、决策服务的一个环节，而不是教学反过来迎合考试的要求，同时，NAEP 报告是以群体的方式发布的，学校和学生个人的信息通过立法的方式受到严格的保护。反观我国的大规模评价（如高考、会考等），其竞争色彩过于浓重，往往过分强调评价的甄别功能，而发展性功能并没有得以发挥，并没有真正起到监测学生学业成就质量的作用。这就造成了教学活动围着考试团团转的场景。忽视了评价的发展和监测功能，势必使每一场考试都成为学校和学生卷入其中的你死我活的决斗。

（二）系统、完备的课程标准开发是取胜之匙

在基于标准的评价运动中，以课程标准为整体的评价开发起着奠基性的作用。课程标准从本质上说就是设立了学生要知道些什么、做些什么的底线。基于课程标准的评价的合法性就在于评价要切实围绕课程标准展开，依据可靠的内容标准和表现标准测验出学生的知识、能力、态度价值观等。脱离了课程标准，评价很可能会迷失方向，陷入不可能走出的迷宫当中；评价的内容会无法覆盖或超出课程标准；学生的学业成就水平无法界定；日常的教学活动缺乏可支撑的抓手，陷入无所适从的困境。因此，一个好的课程标准是开发有效评价的关键一步。以美国为例，其实施基于标准的评价和问责之前就已经通过专业团体开发了相应的课程标准，使得基于课程标准的评价有了坚实的基础（表 1）。

表 1 美国基础教育课程标准开发时间表①

科学	全国研究委员会，《全国科学教育标准》，华盛顿：National Academy Prees，1996
外语	全国外语教育标准项目，《外语学习标准：为 21 世纪作准备》，lawrence，KS：Allen Press，1996
英语语言艺术	全国英语教师委员会和国际阅读协会，《英语语言艺术的标准》，Urbana，IL：NCTE，1996
历史	全国学校历史学科中心，《全国 K～4 年级的历史标准：拓展学生的时空世界》，Los Angeles，CA：NCHS，1994 ——《美国历史全国标准：探究美国的历程》，Los Angeles，CA：NCHS，1994 ——《世界历史全国标准：探究通向现在之路》，Los Angeles，CA：NCHS，1994 ——《全国历史标准：基础教育》，Los Angeles，CA：NCHS，1996

① Marzaro，R. & Kendall，Curriculum Frameworks [J]. NASSP Bulletin，1997，81：590.

续表

艺术	全国艺术教育协会，《全国艺术教育标准：每一位美国青年在艺术领域应该了解什么和做什么》，Reston，VA：全国音乐教育者大会，1994
健康	全国健康教育标准联合委员会，《全国健康教育标准：实现健康素养》，Reston，VA：健康教育发展协会，1995
公民	公民教育中心，《公民和政府全国标准》，Calabasas，CA：CCS，1994
经济学	全国经济学教育委员会，《全国经济学的内容标准，K—12 年级》（草案），New York：NCEE，1996
地理	地理标准项目，《生活地理：全国地理标准》，华盛顿：全国地理研究和探究协会，1994
体育	全国运动和体育协会，《走向未来，全国体育标准：内容和评估指南》，St. Louis：Mosby，1995
数学	全国数学教师委员会，《学校数学的课程与评价标准》，Reston，VA：NCTM，1989
社会学科	全国社会学科委员会，《期望优异，社会学科的课程标准》，华盛顿：NCSS，1994

学业成就评价考什么？在基于课程标准的学业成就评价中十分明确，就是学业成就考试必须是严格按照国家或者地方已有的课程标准来开发和实施。俄亥俄州比较好地实现“基于标准的评价”，其前提就是：设置了比较明确、详细、完善的内容标准。也就是说，“基于标准的评价”的实现，首先需要对课程标准加以具体化的目标描述，只有当标准规定的内容领域具体、清晰时，评价的目标才有可能是明确的，评价才能做到“有的放矢”。俄亥俄州在设定每个学科整体的内容标准框架的基础上，对每门学科的内容标准框架的具体内容都做了规定，并且还对每门学科的每个年级水平也都给出了详尽的描述。明确、完善的标准，无论是对学生、教师、家长，还是试题编制人员，甚至是社会各界人士，都提供了一份对学生期望的清晰图景。

（三）基于课程标准的学业成就评价需要规范、有序的组织实施

从国际上看，各个国家对基于课程标准的学业成就评价都非常重视。很多国家还以法令的形式规定其管理和实施，而且其实施也是极为规范、有序的（表 2）。如美国、澳大利亚和英国等国就是这样的。在澳大利亚，学校、州、国家之间对于统考层面上的权责分工经过多次调整，国家范围的测验框

架已经十分清晰。国家通过每年的全国测验来对义务教育阶段全国的读写和计算进行教育质量监控。其他学科则通过三年一次的抽考来评价学生的学业成就。州一级主要管理初中毕业考试和高中毕业考试。对读写和计算仍然要进行州层面的抽样测验以监控各州的教育质量。

表2　美、英、加、澳学生学业成就考试情况一览表①

国家/地区/机构	考试科目	参考年级	考试周期	被试范围	所属项目	考试类型
美国NAEP	阅读、数学	四、八	2年1次	全国/州	NAEP测验	抽考
	写作、科学、历史、地理、艺术、公民课、经济、地理、美国历史	四、八	视日程、条件而定	全国/州	NAEP测验	抽考
	阅读、数学	九、十三、十七岁儿童	4年1次	全国/州	NAEP长期趋势评价	抽考
美国俄亥俄州	阅读、数学	三至八	1年1次	全州	州学业成就考试	统考
	写作	四、七	1年1次	全州	州学业成就考试	统考
	科学、社会	五、八	1年1次	全州	州年级学业成就考试	统考
	阅读、数学、写作、科学、社会	十	1年1次	全州	州高中毕业考试	统考
	阅读、数学、写作、科学、社会	十一、十二	1年1次	全州	州高中毕业考试	未通过毕业考试的学生参加特定学科的考试
	英语语言	K—12	1年1次	全州	英语语言熟练评价	有英语语言障碍的学生
	阅读、数学、写作、科学、社会	K—12	1年1次	全州	替代性评价	有严重障碍的学生

① 崔允漷．我国学生学业成就评价范式亟待转型［N］．中国教育报．2008-02-23，(3)．

续表

国家/地区/机构	考试科目	参考年级	考试周期	被试范围	所属项目	考试类型
英国QCA	英语、数学	二	1年1次	全国	国家课程测验	统考
	英语、数学、科学	六、九	1年1次	全国	国家课程测验	统考
加拿大安大略省	阅读、写作、数学	三、六	1年1次	全省	州学业成就考试	统考
	数学、读写能力	九	1年1次	全省	州学业成就考试	统考
澳大利亚	语文、数学	三、五、七、九	1年1次	全国	国家评价计划	统考
	科学	六	3年1次	全国	国家评价计划	抽考
	政治与公民、信息交流技术	六、十	3年1次	全国	国家评价计划	抽考
	科学、数学、阅读	十五岁儿童	3年1次	全国	PISA	抽考
	数学、科学	四、八	4年1次	全国	TIMSS	抽考
澳大利亚新南威尔士州	阅读、听说、写作、数学	三、五	1年1次	全州	基本技能考试	统考
	听说、阅读、写作	七、八	1年1次	全州	英语语言与读写能力评价	统考
	数学	七	1年1次	全州	中学数学评价	统考
	科学	八	1年1次	全州	中学科学基础评价	统考
	英语、数学、科学、澳大利亚历史和政治、澳大利亚地理和计算机技术等	十	1年1次	全州	初中毕业考试	统考
	英语、数学等上百门学科供选择	十二	1年1次	全州	高中毕业考试	统考

在学业成就评价过程中，只有通过明确各个层级的职责权限，建立起明确的权责体系，才能科学合理地实施评价，发挥测验或者说学业评价的应有作用。各层级、各部门根据已有的课程标准，履行各自的权责，只有这样才能避免我国存在的一门学科在一个学期中就有二三十次统考；刚入小学就有各种形式的统考；教师、教研室、学校、学区、教育局等单位和个人随意进行统一考试的现象，从而避免由考试带来的各种惨痛的后果，保证评价能够引导学生走向我们期望的目标，引导各界共同筑就学生的幸福。

（四）增加评价的专业含量是提高学业成就评价质量的关键

在学业评价中或者说考试中，人们总是希望评价结果或者考试结果是对考生能力的最好测度，能绝对反映考生能力的高低。根据这样的结果对学生做出的评价、选拔和等第评定等行为似乎也会更加“公平、公正”。现实中学业评价或者考试的局限性同样十分明显。先不说学生在考试中的表现受天气、时间、精神状态和生理状态、个性特征以及考试的环境等外部因素的影响，从评价或考试本身来说，命题和评分方面的局限也是很明显的。因为事实上，所有对学生学习或能力的测量基本上都是间接的、不完全的、不精确的、主观的和相对的。

因此，各国在基于课程标准对学生进行学业成就评价时都十分慎重，尽可能地通过增加专业含量来保证评价质量，消除评价的局限和负面效应。例如，在俄亥俄州，从考试的开发、实施、评分，到成绩的报告都有着较高的专业要求。俄亥俄州的命题和评分的具体操作由具有高度专业性的中介机构来承担；在考试的管理中，每个学区有专门的考试协调者，负责学区的考试事宜，并且对考试管理者进行相关的专业培训；对每所学校的主考官也有一定的资格规定。此外，还有内容建议委员会、公平性/敏感性审查委员会、范围标定委员会和标准设定委员会等参与州学业成就考试的开发与管理，对考试的各个方面进行审查与监督。严格的专业要求和措施对保证考试质量发挥了重要的作用。

而我国至今还没有一支稳定的、质量可靠、高度专业化的测量与评价队伍；无论是全国性的还是地区性的大规模考试命题组织基本上都是“应急型”组织形式，即每次考试前把一批人召集起来关一两个月，考试后就地解散，下一次考试命题谁会被叫到又是未知数。这种命题组织形式虽减少了开支，却给命题质量带来了很大的隐患。因此，我们必须清醒地认识到考试必须借助于专业的力量，促进考试命题的专业化。为此，首先要投入精力与经费培育并扶植专业化的评价中介机构，提高命题质量，这是基础，同时从各个方面加强对考试质量的监督和审查，这是保障。

(五) 评价目的的实现需要评价结果的有效反馈和交流

一提到考试结果或者评价结果，人们首先想到的就是分数、数字、等级和名次，等等。我们对学生进行学业成就评价，目的并不是为了区分哪些学生是天才，哪些学生是学习上的笨蛋，或者仅仅得出一个简单的分数。合理的评价需要清晰的思路和有效的沟通。我们需要经常思考：这些评价的精确学业目标是什么？我们理解评价结果的含义吗？评价结果能帮助我们做出何种决定？评价所得的信息是否准确可靠？……

学业成就评价主要是一种标准参照考试，它的功能不仅仅在于检验国家课程标准在各地的达成情况，更是为后续的教学、学习、评价与管理提供决策或改进的依据。如加拿大安大略省的 EQAO（教育质量与责任办公室）在学业成就测验结果的运用上做得非常出色。每次考试后，EQAO 会及时地分别向学生个人、学校、董事会、省级部门提供报告，并且数据处理的最终文件放在 EQAO 的官方网站上方便用户访问。每一份报告中都包含了多项基于数据分析的考试结果呈现、趋势分析和给各相关人员的建议等。又如，澳大利亚学业成就评价结果报告的对象包括了学生、家长、教师、学校、学校系统、社会在内的所有的参与者。考试管理部门对不同对象提供的报告在内容上也有不同侧重，如向家长提供学生的基于标准的成绩，并甄别其优势与不足，而向学校提供学生的整体成绩，帮助学校改进教学。学校可以通过 SMART 软件，自行进行数据的分析与比较，有利于改进教学策略与制定学校计划。学业成就评价的反馈与交流在俄亥俄州做得也相当不错，其评价结果按照内容标准或合并的内容标准（如对数学成绩的报告是按照数、数感及其运用；测量；几何和空间感；模型、函数与代数；数据分析与概率；数理过程）的内容项呈现，而不是一门学科只给一个笼统的总分。在成就报告中所呈现的分数包括原始分和换算后的分数。而学生在州学业成就测验中获得的分数被运用于多种目的。

二、国际经验对我国基于课程标准的学业成就评价程序的启示

在大规模的学业成就评价或考试中，为了保证评价的有效和可信，我们必须对评价工具和程序等有一个严格的要求，力争评价设计本身能够反映出评价的预期要求。只有在保证了我们编制的试题和程序本身没有问题，能够体现课程标准的要求，然后我们才能根据它所得出的结果，对学生的学业成就做出准确的判断和运用。通过考察发达国家基于课程标准的学业成就评价的做法，我们发现，基于课程标准的学业成就评价都有一套严格的实施程序，主要包括：①确定评价目标与内容；②编制与规范测验内容；③学业成

就评价的组织与实施；④学业成就评价结果的报告与运用。

（一）确定评价目标与内容

基于课程标准的学业成就评价必定是要求评价的内容与课程标准严格匹配，这也就回答了评价“评什么”的问题。然而，从课程标准到具体“评什么”还有一个分解的过程。课程标准不等于考题、考试大纲或者学业评价本身，课程标准的性质和内容决定了它在基于标准的学业成就评价中的地位：课程标准是评价或者考试命题的基本依据，是制定考试大纲的基本依据，但是课程标准不能代替考试大纲。因此，从课程标准到评价或考试需要有一个过渡。

首先，我们要理解课程标准的完整内涵。课程标准是一个多维度且不断发展的概念。虽然其语言表述有 curriculum standards、content standards、framework of standards and learning opportunities（美国佛蒙特州）、the curriculum and standards framework（澳大利亚）、performance standards 等不同形式，在实际运用中，各国也有不同国情，但在同一历史时期或发展阶段，在不同国家与地区，在不同学科领域之中，还是有着相同或相近之处。而随着教育研究的不断发展和教学实践不断提出新要求，课程标准的概念正日益充实、丰富和多元。课程标准不再仅仅是传统意义上的内容标准，即规定了在具体的学科领域内学生知道什么和能做什么，同时也是表现标准，即学生在学习过程中有何表现，达到何种结果。为了保障所有学生的受教育权利，课程标准还应该是“学习机会标准”，即对课程与教学中影响学生的学习机会的有关条件或安排做出规定和陈述。此外，在标准化运动的不断影响下，课程标准的应用范围也不断拓宽，它还会是指导课程与教学工作的督导标准和对与教学、课程有关的环境条件或设施用品设置做出规定的教学条件或用品标准，等等。其中，我们在基于标准确定学生学业成就评价的目的与内容时，重点要关注和深刻理解内容标准和表现标准。也就是说，在评价中要决定学生应该知道什么和能做什么，以及怎么样好才是足够好这两个核心问题。

其次，要对标准中的“大观念”（big idea）达成一致：标准对知识、技能和情感有什么要求？基本知识和基本技能是哪些？我们理解了所有达到标准要求所需的关键概念和技能了吗？标准需要整体化处理，还是要分解处理？这一标准对更大范围的跨学科的学习有帮助吗？

再次，要把握课程标准与评价目标的内在关系。课程标准从本质上说就是设立了学生要知道些什么、做些什么的底线。基于课程标准的评价是否合法就在于评价标准是否切实围绕课程标准制定，评价是否通过可靠的表现标准测验出学生的知识、能力、态度与价值观等。虽然课程标准是测验命题、教材编写、学校教学和评估的依据，但它的目的与评价的目的不完全相同。它规定的总的培养目标、学生的具体学习目标以及内容领域都比评价的测量目标和内容领域等宽泛得多。因此，评价机构在进行评价设计和开发时，决不能认为课程标准既然是评价的依据，就实行简单的拿来主义，照搬照抄课程标准的培养目标和分阶段目标，而必须对课程标准的培养目标和分阶段目标，甚至是内容标准进行分析、研究。无论是美国 NAEP（国家教育进展评估）、英国 QCA（课程与资格局），还是加拿大安大略省等，他们的学业成就评价都是严格基于课程标准开发的，要求测验与标准高度匹配。

同时，课程标准和评价目标的指向是一致的，都是指向学生的学习。如何促进学生学习是课程标准与评价目标的共同的主题。评价是检视课程效果的方式，更是课程改进的方式。评价目标应以课程标准为根据，同时提供反馈信息，为课程标准的改进提供参考。

（二）编制与规范测验内容

确定了评价目标和内容之后，就要对评价内容进行编制与规范处理。这一阶段，主要关注的是以下三个方面的问题。

第一，根据评价目的与内容选择评价方式。设计测验内容规范的目的是为了指导命题人员编制出能够引导考生表现出期望的行为的试题。编制试题前要明确测验的测量目标及相应的行为目标，首先需要弄清楚的是测验的内容领域的范围、内容领域的结构（即内容领域不同方面知识的比重）；其次需要确定如何测量，主要是确定测验试题的题型及其相应的规范和分布。在这里，我们需要问两个问题：哪种形式的评价最适合这一成就目标？评价活动能为这些成就目标提供可靠的证据吗？

第二，完善测验形成的中间环节。标准化的测验编制并不等同于基于课程标准的测验的内容规范要求，但其相对成熟的编制过程对我们具有借鉴意义。首先，进行课程标准与评价的匹配，即对课程标准进行研究，了解每个领域的行为特征及其与测验行为目标的关系，这是测验形成的基础。其次，列出待评价的学生的行为目标，其表述必须是以学生的行为来体现。在测验形成后，要进行匹配度的检验，以确保评价与课程标准的统一。无论是美国、英国、加拿大，还是澳大利亚，他们都严格要求评价与标准高度匹配，在评价内容的编制过程中，设置了专门的机构和程序对其一致性进行检测。如俄亥俄州，其试题的编制与选择除了由州家长委员会委员、社区成员、教师和其他学校人员参与外，还有内容建议委员会、公平性/敏感性审查委员、范围标定委员会和标准设定委员会参与州学业成就测验的开发与检测。其中，内容顾问委员会的检测目的就是确保每一道题目的有效性以及这些题目与具体学科领域和具体年级水平的内容标准相匹配。

第三，提高测验的编制技术。测验的形成是以一定的取样、试验、组织的技术和方法为保证的。测验的形成是一个科学化的过程，需要专业人员和组织，运用一定的技术与方法进行。我们要开发测验形成的工具，根据不同学科，不同目的与需要，灵活使用不同量表，在专业条件允许的基础上，开发新的测验方式与方法，如各国普遍采用的抽考、矩阵取样等。同时，注重专业评价人员的培训，包括测验机构人员与教师，如澳大利亚 EMSAD 长期提供有关课程标准方面的学习机会，开设评价人员培训课程等。此外，在发达国家，为了确保评价内容编制的质量，命题和评分的具体操作一般都由具有高度专业性的中介机构来承担。

（三）学业成就评价的组织与实施

解决了测什么和怎么测之后，面临的问题是什么时候测，由谁来测等测验的组织与实施问题。相对于我们评价组织与实施的混乱与繁杂而言，国际上好多国家的成功经验可以给我们以有益的启示。如美国俄亥俄州州教育委员会针对测验的组织与实施专门制订了一系列的具体规定，对测验的各个环节进行监督与管理。此外，俄亥俄州还有一套规范的程序来保证学业成就测验的实施：设置了一套相对完整的标准框架，在此基础上命题并给出评分标准，对试题和评分标准进行检查、前测，调整评分标准，展开真正的测试、评分及数据处理等。这样一套程序从制度的层面保证了整个测验的信度和效度，非常值得我们借鉴。总体而言，学业成就评价的组织与实施可以从以下三个方面着手。

第一，制定组织与实施的规程与手册。学业成就测验的组织和实施不是“脚踩西瓜皮”的旅程，而是依循一定的程序与规则实行的。澳大利亚 NSW 评价项目的实施流程大致分为制订计划、获取数据、使用数据三个阶段，其 BST 考试项目还在管理指南中详细说明了考前、考时、考后所要做的工作，并附有具体的时间表。制度化和规范化的管理，可以保证学业成就测验的公平性和有效性。实施规程与手册应该详细说明目标任务、时间安排、分工情况、操作规范等。

第二，建立完善的权责体系。无序的权责状态会造成大规模的人力、物力的投入和重复劳动，增加了学生、教师、学校、管理部门和社会的负担，无法实现学业成就测验的目的。不同层级的不同机构应该在测验权责体系中承担起不同的责任。不要什么都管，也不要什么都管不了。应该各自发挥不同视野、资源、能力的优势，相互协调，分工合作。如在澳大利亚，地方和国家就具有不同的评价权利，同时担负着不同的评价责任。如国家通过每年的全国测验来判断学生是否已达到基准，对全国义务教育阶段的读写和计算进行教育质量监控。对其他学科则通过三年一次的抽考来实施教育质量的监控。州一级则主要管理初中毕业考试和高中毕业考试。对读写和计算仍然进行州抽样考试，以监控州教育水平与基准之间的关系。

第三，形成良好的测验中介服务机构。良好的中介服务机构一来可以减低学业成就测验组织与实施的行政管理成本，减少管理人员，提高管理效率；二来可以提高测验组织与实施的专业性。

（四）学业成就评价结果的报告与运用

学业成就评价一方面是为了政府和公众问责的需要，需向政府和公众提供一份权威的学业成就报告；但更为重要的一方面是为学生的学习提供改进的依据和对策。因此，对评价结果的处理与报告成为评价过程中不可或缺的一环。

第一，完善测验结果的反馈机制。要发挥测验结果对课程、教学、学习的重要意义，就要建立完善的反馈机制，即要明确测验结果以何种形式、经过何种途径反馈给哪些对象，满足哪些需要，因为不同的对象对测验结果的要求不同。如教师需要数据来改进教学，学生需要测验结果来促进学习，家长需要测验结果以发现孩子学习的不足，学校需要数据以制定学校计划，学区需要数据以决定财政划拨等。测验结果不能只是“排座次”的指标，而是要成为促进发现问题、并试图解决问题的手段，进而为我们检视、改善课程与教学提供直观的数据或者明确的改善手段，最终促进学生的学习，提高教育的质量。

第二，建立测验结果的交流机制。测验组织机构与教育管理机构应将测验结果的数据按照不同分类进行文档管理，放置于网站上，方便学校、家长等不同用户获取。网上平台的构建可以允许不同的群体对测验结果进行分析与讨论，以便听到更多不同的声音。如澳大利亚 EMSAD 定期举行教师工作坊，教师可以以研讨的方式进行交流。英国的 NAA 负责使用信函、出版物、电子媒体、会议讨论等方式，及时地向学校、地方教育当局等交流和传递所有有关法规规定的国家课程评价的信息。NAA 为了保证信息的交流和传递符合 QCA 的顾客服务标准，专门设立热线服务电话以便处理测验管理等各方面的咨询工作，包括评价中的外部评分、数据收集和使用的安排等。我国目前的教育质量监控体系还处在建设之中，但是就报告的框架而言，可以有这样的思路：每次测验后，及时地分别向学生个人、学校、县市级教育主管部门、省级教育主管部门提供报告，并且数据处理的最终文件放在各自的官方网站上方便用户访问。每一份报告中都包含了多项基于数据分析的测验结果呈现、趋势分析和给各相关人员的建议等。给教育者的建议更是具体可行，既有专业上的评价知识的提供，又有具体的测验结果分析，还有后续的改进建议，并且每条建议都说明具体的原因与根据。

三、小结

以上基于课程标准的学业成就评价的国际比较，展示的是各国做法中比较成功的一面，并不是说它就是完美的。基于课程标准的学业成就评价不是一种教学方法，它并不能具体地要求教师的教学行为，教育过程中教师的理解和创新同样重要。课堂教学或者说学校教育过程是教育真正发生作用的时候，评价更多的只是一种外在的监控。同时，限于现有的评价技术和大规模测验本身的限制以及课程标准本身的成熟程度，基于课程标准的学业成就评价也并不是“救世主”。但是不管怎么说，它力图超越现有的一些评价误区，自身也在不断发展中（有兴趣的读者可以进一步阅读本书的附录，从中进一步思考学业成就评价中的机遇和困境问题）。

第七章

评价目标的确定

课程标准不同于教学大纲，而且各个国家对课程标准的开发和编制的思路不尽相同，文本的结构、形式和要求也不同。本章对照国际上主要的几种课程标准，结合中国的课程标准分析了现行课程标准的类型、结构和特点，并着重分析了从课程标准到测验的测量目标、行为目标和表现目标的转化过程，其中的表现目标的转化只是一种初步的研究。

在基于课程标准的学业成就评价中，课程标准制定的课程目标及其具体内容并不就等于学业成就评价测验或考试的目标和内容。在具体测验的编制和实施中，从课程标准到具体测验目标和内容的形成是需要转换的。课程标准的类型和结构不同，具体的转化过程也不同。本章在分析了课程标准的类型和结构的基础上，通过具体的课程标准实例来分析测验目标的形成和表述。

一、课程标准的类型与结构分析

基于标准的改革进行了很长一段时间了，但是对于课程标准本身的研究并不是太丰富。马扎洛与肯德尔（Maizano，R. & Kendall，J.）曾对标准化运动的发展进行了深刻地反省，提出要严格分清内容标准和课程标准：内容标准规定学生应该做什么，课程标准则规定教室里应该发生什么，这个标准是很清晰的。[①] 美国基础教育委员会（Council on Basic Education）对 43 个州的数学和阅读学科的课程标准进行了严格的研究，得出了一些重大的发现，其中之一就是：尽管数学课程标准的严格性普遍高于语言学科，但各个州的数学课程标准还是有很大差别，甚至在最基本的概念和技能方面也是如此。[②] 国内许明、胡晓莺评述过美国基础教育课程标准情况，[③] 而从系统性和完整性角度来分析课程标准的当数柯森。他在 2004 年的博士论文中根据对各种学科课程标准文本的初步分析和归纳，认为学科课程标准体系的基本结构主要体现或应该体现在其“类型结构”“层次结构”及两种结构的相互关系上。[④] 在现实中，课程标准有内容标准、表现性标准、学习机会标准等不同的类型；在课程标准内容的组织上，有的是分段组织，有的是按照年级组织。因此，在根据课程标准确定具体的学业成就测验的评价目标和内容时，其组织过程会有一定的区别。

（一）课程标准的类型

目前在教育理论和实践领域，对课程标准主要有如下几种分类。

1. 课程标准即课程的“内容标准”（content standards）

---

① Maizano，R. & Kendall，J. A Wash in the Standards [EB/OL]. [2007-12-28]. http：//www.mcrel.org/standards/articles/awash.asp.

② Joftus & Berman. Great Expectations：Defining & Assessing Rigor in State Standards for Mathmatics，English Language Arts [M]. Washington，DC：Council for Basic Educattion，1998：4.

③ 许明，胡晓莺．美国基础教育课程标准述评 [J]．教育研究，2002（3）：78-83.

④ 柯森．基础教育课程标准及其实施研究 [D]．上海：华东师范大学，2004：第三章．

内容标准规定了在具体的学科领域内学生应该知道什么和能做什么。在基于标准的系统中，学生努力学习大量的知识、观点、概念等。在学习过程中他们学会思考、操作、交流、推理和在具体学科领域内进行相关的研究。采用内容标准的目的是为了提高成就水平和保证机会公平，其目标是为教育工作者在课程教学和评价中应该重点关注什么提供指南。

这样的课程标准类型在内容方面具有单一性和一目了然的特点，但是在具体的教学和教育评价中这类课程标准的运用往往容易受限制或存在缺陷，因为我们很难从内容标准直接过渡到教育评价中去，或者说内容标准不能评价学生在特定学科领域内的学业成就。表 1 为内容标准的一个样例。①

表 1　中国历史与社会课程标准(二)节选

目标 1　在具体的情境中，选择和利用必要的工具、技术和方法，识别、获取和整理相关的社会信息

内容目标	教学活动
1-1　使用地球仪、地图等工具，知道它们的主要特点和功能	1-1　可结合地球仪和地图的自身特点来设计教学活动。引导学生观察地球仪和地图，发现地球仪上有南极点和北极点、经度和纬度、东半球和西半球、北半球和南半球；地图上有方向、比例尺、图例和注记等
1-2　恰当地运用表示地理方位和位置的术语	1-2　可指导学生结合日常生活中的实例（如问路），或者近期国内外的重大事件（如大地震）的发生地点，用“东、南、西、北”和“经度”“纬度”等术语确定和描述地理方位和位置
1-3　尝试从不同种类的地图和图表中获得所需要的社会信息	1-3　在教材已有资料或者教师提供资料的基础上，指导学生收集并展示不同种类的地图及一些统计图表，如地形图、政区图、交通图、旅游图、历史地图、气温曲线图、人口增长柱状图等。选择合适的地图和图表，获取所需要的信息 可以设置一些情境，如登山、野外宿营、外出旅游等活动，指导学生正确地选择地图，并从图上获取所需要的信息

① 中华人民共和国教育部．历史与社会课程标准（二）［M］．北京：北京师范大学出版社，2001：7.

续表

1-4 知道表示历史时段的常用词汇或习惯用法，并学会使用它们	1-4 可指导学生从教材或者其他资料摘录一段历史文献资料，从中辨析表示历史年代的词汇和习惯用法，如公元、世纪、年代、时代、朝代和国号等
1-5 知道第一手资料和第二手资料的不同	1-5 可举出学生生活中的一些具体事例，或以一些文献资料为例，使学生理解哪些是第一手资料，哪些是第二手资料，并让学生知道它们的区别和特点
1-6 根据具体条件和需要，选择适当的社会调查方法获取社会信息	1-6 拟定与社区生活有关的一个主题，帮助学生设计一份调查问卷，指导他们尝试用访谈、收集和评价等方式获取相应的有效信息
1-7 感受大众传媒对个人生活的影响，知道通过各种媒体和运用新技术能够收集、解释、传递现实社会中的各种信息	1-7 要求学生讲述最新发生的国家大事或当地引人关注的事情，并说明是怎样获得这些信息的（如通过书刊、报纸、电视、广播、互联网等）；观察电视台天气预报中出现的卫星云图

2. 课程标准包括内容标准和“表现标准”（performance standards）

课程标准除了人们一般注意的内容标准之外，还应包括“表现标准”。这是20世纪80年代后期开始出现和流行的看法。在美国的许多研究文献和公共文件中都有反映。克拉克（Lynn Clark）便认为：“通常，标准分为两类：学术标准（或内容标准）与表现标准（或基准）。学术标准描述学生应该能够认识或做的事情，而与此相应的表现标准则衡量学生在多大的程度上达到内容标准。”① 显然，在这种分类方法看来，课程标准不仅要陈述学生在一定时间里应学习的内容，还要描述他们在学习这些内容时应有何种表现，达到何种结果或质量。表现标准实质上是人们基于内容标准及为了特定目的而对课程提出的具有明确指向性的规定或要求，它对表现和结果的规定及要求必然影响内容标准的执行和落实。

实际上，表现标准在很大程度上，正是为了保证内容标准得到执行和落实而建构的。它相当直接地反映了20世纪80年代中后期以来，人们对于基础教育质量问题的关注和对卓越的期待，同时，也体现了人们趋向于从多方面来理解课程内涵及各种课程要素之间的相互关系。具体地说，课程不仅仅

① Lynn Clark. The Standards Just a Cliek Away [EB/OL]. [2007－12－28]. http://www.findartiele.eomlef－dlslmOSTR/78055168/Pl/artiele.jhtml.

被认为是科目内容，还包含学生的学习活动及其表现和结果。因此，课程标准不仅要对内容作出界定，也要对表现和结果加以规定和说明。从课程实施与评价的角度来说，对后者的规定和说明甚至比对前者的界定更具影响和意义，因为后者能为课程的衡量和评价提供更直接的尺度，可能直接影响对表现、成绩或质量的评定，因而也就具有较强的驱动力。表现标准的提出和建构，无疑是对课程标准的丰富和提升，使课程标准具有较完整的内容和结构，也较能符合实际的情况和要求，从而发挥出较多方面的功能。表2为这样的一个样例。①

表2　澳大利亚数学课程标准水平5-测量与估测节选

学习结果	指　标
5-1　能够识别并选择合适的米制单位和精确度来测量数量及比率	当学生获得这种学习结果时，他们能够： 选择恰当的单位来详细标明一个数（例如一座山的高度，湖的面积，水库的容量） 根据测量目的来证明对测量单位的选择（例如步测海滩或板球投掷的距离，用米测量桥长并以千米来设计，比例尺为1：1000） 运用常见的表示米的前缀及符号，包括换算单位（例如0.35千米＝350米） 识别常见的体积和容量单位（例如立方分米、立方米、毫升及升） 使用恰当的单位来详细标明比率（例如植物一周生长的厘米数，用一千米/小时或者米/分钟来表示车速）
5-2　选择、使用以及改变工具来测量长度、质量、体积、容量、角度和温度	当学生获得这种学习结果时，他们能够： 准确使用测量工具（例如用量杯测量350毫升的牛奶，在两度的误差范围内画出并测量角） 设计使用现有工具来测量过大或过小的物体的方法（例如一滴雨的体积，一张纸的厚度） 运用液体置换方法，根据体积为物体排序 在标定刻度间识读以5、10或20为标定的刻度

① 澳大利亚课程标准［M］．丛立新，章燕，译．北京：人民教育出版社，2005：163－164．

续表

学习结果	指 标
5-3 根据对米制单位大小的判断来估测数量，并使之精确化	当学生获得这种学习结果时，他们能够： 判断常见数量的大小（例如 1 毫米，250 毫升，1 立方米，100 克） 运用已知数量来估测长度、体积及重量（例如给狗浴盆盛满水需要四或五桶水，水桶容量为 10 升） 在 5 摄氏度误差范围内估计现在的室外温度 设计方法来提高估测的精确度（例如与他人合作来分享已知的参考信息）

3. 课程标准包含内容标准、表现标准和“学习机会标准”（opportunity and Learning standards）

这是 20 世纪 90 年代以来占主导地位的一种看法或分类方法，并在美国联邦政府 1994 年提出的《2000 年目标：美国教育法案》中得到了正式的表述。它与上面两种看法或分类方法的不同之处是：把“学习机会标准”视为一类特定的标准，将之纳入课程标准的范畴，同内容标准和表现标准一起构成课程标准的整体类型结构。所谓“学习机会标准”，是对课程与教学中影响学生的学习机会的有关条件或安排所做的规定或陈述，或者说，“是旨在保障每一个学生‘学习权’而制定的教学规范、关系规范、（课程资源）分配规范”。① 也就是说，在第三种看法或分类方法看来，课程标准不仅要对学生应学习什么和能做什么以及有何种表现和成绩来加以规定和要求，也要对达到这些方面的规定和要求所需要的条件或学习机会做出相应的规定和说明。

这样，一个完整的课程标准体系或课程标准文本也就应该包含三类标准，是一个由三类标准所构成的类型结构。在课程标准中加设学习机会标准，并重视其对另外两类标准的作用，及对整个课程标准体系结构的完整性和功能实现的意义，这样一种看法或分类方法的依据，主要来源于有关学习机会与学生成绩之间关系的研究、广义化的课程概念以及在追求卓越的同时对平等与卓越之间的平衡的关注。就美国的情况来看，“学习机会”在教育与课程研究上被当做一个严格的概念加以引用，最初体现于 20 世纪 60 年代美国的教育研究者对数学成绩在全国范围内的比较研究。《科尔曼报告》（Coleman Report，1966）无疑是这方面的代表作。这项研究不仅使研究者们意识到学生学习成绩的复杂性及其影响因素的多样性，而且从课程方面确

① Cheny A. McGee Banks. The Challenge of National Standards in a Multicultural Soeiety [J]. Educational Horizons，1997，Spring：126−132.

认了影响成绩的三个不同的课程层面，即计划的课程（intended curriculum）、实施的课程（implemented curriculum）和学到的课程（attained curriculum）。计划的课程由国家或地方制定，实施的课程由教师在课堂里实现，而学到的课程则由学生的学习经验与学习结果所组成。显然，与学生的学习成绩直接相关的是第三种层面的课程，由测试等手段所评定的学习成绩实际反映的是学生的学习经验与学习结果。而学生的学习经验与学习结果又受到多种因素的影响，如实施的课程和计划的课程方面的因素，以及更为广泛的涉及社会条件与教育教学环境等方面的因素。这些因素都在不同程度上影响学生实际所获得的学习机会。例如，由社会政治经济结构和状况所导致的收入和获得知识的便利性方面的差异，以及不同地区或学校在教学的时间、场所、资料和教师的专业水平与教学状态等资源性因素或情境因素方面的差异，都会对学生的学习机会产生影响，从而影响到学生的学习经验和学习成绩。①

学习机会标准的意义，更直接的还在于它代表着对平等这一基本价值目标的关注，以及它在平等与卓越之间所起到的连接作用。地区或学校乃至学生群体之间在成就目标与教育资源条件方面的差异是一种普遍现象。当这种现象达到相当程度时就会危及教育上的机会平等，也将影响人们把卓越作为一种普遍的目标来加以追求和实现。因此，学习机会的差异和不足是人们一直关注的问题，并不因近来对教育质量问题的强调而被忽略，相反，它被人们视为教育质量问题的一个部分和问题解决的一个切入口而备受重视。学习机会标准的提出，正是对现实背景与实际要求的一种回应，同时，也是人们为了保证内容标准和表现标准的实施，为了实现卓越与平等并举的目标而做出的一种特定的设计和努力。人们在向所有学生提出高期望和高要求的时候，有必要同时考虑如何为所有学生创造更多更好的学习机会。

但是学习机会标准并不是用一个特定的文本单独表示的，它主要通过在既定的课程标准中融入相应的要求或者一些具体的指标来体现。它更多的是提出相应的评价和课程教学的价值指向（表 3）。

① Grete Houston and Jeannie Oaks. Opportunity to examining and Conception of Education Equaity [J]. Educational Evaluation and Policy Analysis, 1995 (17): 323－336.

表 3　内容标准、表现标准和学习机会标准实例①

内容标准	表现标准	实现标准（学习机会标准）
小学一年级： 学生要知道加即数式上的增加，减即数式上的减少；其运算符号分别为+和−	小学一年级： 学生面对与其之前或目前的经验相似的加法问题时，要能够得出正确的得数	小学一年级： 教师要了解有关研究所揭示的学生学习加法和减法的方式和顺序。课堂教学应备有互动性技术手段及诸如同样尺寸的立方体和珠算架这类操作所需工具
小学二年级： 学生要知道加即部分合而形成一个整体，减即从整体中分出部分；部分或整体可以通过代表着真实的数量的数字符号来表示	小学二年级： 学生应能依据其之前或目前的经验，通过加减运算得出正确的得数	小学二年级： 教师要设定适当的问题和对话，诊断学生的错误，以及运用必要的材料。每个二年级的学生每天至少要有一个小时不受干扰地学习数学，包括某些早晨时间。同龄人之间的互动和小组解决问题的这些方式要整合到每一节数学课中去

（二）课程标准的结构

1. 课程标准的结构分析：以华盛顿州为例

我们先以华盛顿州的课程标准为例展开分析。根据华盛顿州 1993 年教育改革法及其后所发展与颁布的课程文件，整体而言，华盛顿州中小学课程标准的结构由三大部分组成：其一是法律层面的共同学习目标；其二是各科基本的学习要求；其三是 2004 年以后才陆续发布的各科年级期望目标。②

（1）共同学习目标。华盛顿州 1993 年的教育改革法要求每一学区、学校应提供机会让学生均能发展以下四项核心的知识和技能：

一是具备阅读理解、写作技能，能在不同情境下以各种方式负责并有效地沟通；

二是认识并运用数学、社会、自然与生命科学，以及公民、历史、地理、艺术、健康与体育的核心观念和原理；

三是具备分析、逻辑判断和创造等思考能力，且能统整知识与经验以形成理性批判意识并解决问题；

---

① 柯森．基础教育课程标准及其实施研究［D］．上海：华东师范大学，2004：43.

② Thomas P. Using Standards to Make a Difference: Four Options [J]. Educational Horizons, 1997, Spring: 121-125.

四是理解工作及其表现、努力和决定对未来生涯和教育机会的重要性。

此外，华盛顿州 1994 年法律修订又增加了一些基本价值和品格素养方面的学习目标，可称之为第五项共同学习目标。但不把它列入毕业要求或者州的学生学业成就的评价范围，由学区和学校决定教育的具体事宜。第五项共同学习目标包括：诚实、正直与信用、尊重自己和他人、对个人行动与承诺负责、自律和自治、勤勉与工作道德、尊重法律与权威、形成健康和积极向上的行为方式以及重视家庭与社会的基础。

（2）各科基本的学习要求　各科基本的学习要求由三部分组成：一是以学习为指向的学科课程目标；二是达成基本学习的关键课程内容；三是四、七、十年级等关键阶段的课程内容成就指标或基准。

学科课程目标：每一门学科的基本学习要求首先会列出宽泛的课程目标，是该学科期望学生在完成 K~12 年级教育后应具备的知识与能力，它在表述上比较宽泛、抽象。能为我们具体教育教学和评价所用的是在基本的学习领域下面罗列的具体学习成效的标准。以“写作”为例，有四个基本的学习领域：清晰有效地写作、按照不同的观众和目的采取不同的写作方式、理解和运用写作的过程和步骤以及分析和评价作品。以其中的第二项学习领域为例，包括下面几项具体的指标：能以小说、诗歌、论文、评论、故事和工具性文章等不同的方式写作；能就不同的听众进行分析和写作；能就各种目的而写作，如，说故事、对文学作品表述自己的理解、传达工具性信息、完成小组计划、解释观念与程序以及提出说服性的劝说。

关键课程内容：如上所述，每一个基本学习领域都列举了若干有关学生学习行为或行动的范畴，纲目式地列出了课程与教学的核心内容要素。同样以“写作”为例，关键的课程内容有：各种写作方式、根据不同的对象和不同的目的而写作。

关键阶段成就基准：各学科每一个基本的学习领域下的每一个关键课程内容，都罗列出了学生在四、七、十年级这三个阶段应展现出的具体成就基准，而且在基准的基础上，还强调学习的累积性和发展性的关系。

（3）各科年级期望目标　华盛顿州在学生学习审议会（the commission on student learning）解散前，曾经计划编写各年级的具体目标或者期望目标，并负责学生成就评价制度的规划和落实。但实际上，并没有实现上述目标。之后，州教育厅（office of superintendent of public instruction）和学业成就与绩效责任委员会（academic achievement and accountability commission）接替了学生学习审议会，在 2004 年公布了数学和阅读的各年级期望目标，在 2005 年公布了科学、写作的各年级期望标准，并于 2008 年公布了所有学科的年级期望目标。①

2. 不同课程标准的结构分析

就像华盛顿州的课程标准所描述的一样，从完整的课程标准组成上来看，在总的目标陈述或规定之下，按照不同年级、能力要求或者不同的学段，对学习目标、要求或者注意事项等做出规定和说明，应该说是课程标准开发和实施中的主流做法，也比较符合大家的平时习惯。虽然，具体到不同的学科，课程标准的结构组成会有较大的差异，但是总体来看，各种课程的构成都是按照不同的层次或要求来编制的。因此，我们主要根据不同层次的课程标准表现来分析课程标准的结构，从而为具体评价目标的确定和表述做铺垫。

(1) 在总的课程目标下，按照年级或者学段以及基准来陈述的课程标准结构　这种课程标准形式是最为常见和常用的课程标准类型。以美国数学课程与评价标准为例，它总共提供了 54 项标准，分为 4 个范围：幼儿园到四年级，五年级到八年级，九年级到十二年级。其中每一项标准都对要点部分做了详细的说明，然后用实例加以讨论。最后一个范围提供了 14 项评价标准，分成三类：前三项为第一类，讨论了与课程标准相关的评估策略；第四到第十项为第二类，侧重为教师提供教学目标的信息，它们与以下课程标准平行：解决问题、交流、推理、数学的联系、数学概念和数学过程，附加一项关于“数学气质”的单独标准。这七项标准将被教师用来判断学生和他们在数学上的进步情况。最后四项为第三类，侧重于收集与数学方案的质量有关的证据。这些标准将被教师、行政人员和管理人员以及政策制定人员用来判断数学方案的质量和教学效果。②

我国《全日制义务教育数学课程标准》也是比较典型的：先是陈述总体目标，然后分一至三年级、四至六年级、七至九年级三个学段设定和陈述学段目标，并分学段按照“数与代数、空间与图形、统计与概率、综合应用”等不同领域描述内容标准。③

当然还有对这种课程标准结构的进一步完善，尤其是从学业成就评价的角度。在这种课程标准构成当中，除了有内容标准和表现标准的描述外，还特地指出了基准，它可以直接作为学业成就评价的指标。在澳大利亚，国家

① 黄嘉雄. 美国华盛顿州中小学课程标准化实施过程中之课程管理及其对台湾相关议题之启示 [C]. 第八届两岸三地课程专家论坛论文集. 杭州，2006：170—171.

② 全美数学教师理事会. 美国学校数学课程与评价标准 [M]. 人民教育出版社数学教研室，译. 北京：人民教育出版社，1994：10.

③ 中华人民共和国教育部. 全日制义务教育数学课程标准（试验稿）[M]. 北京：北京师范大学出版社，2001：2—15.

数学能力的基准用来报告三个方面的数学能力成绩——三年级、五年级、七年级的“数感”“空间观念”和“测量和数据的意识”。基准作为成绩指标，是在这些年级水平里国家认可的、学生可以接受的最低数学能力。这三个年级的基准主要和水平 2、水平 3、水平 5 的主要学习内容相关。

表 4　澳大利亚数学课程标准水平 3-空间实例节选①

学习结果	指　标
3-1　理解并运用常用的位置用语，遵循所指方向并指出方位	当学生获得这种学习结果时，他们能够： 使用几种描述语描述物体的位置（例如剪刀在从左边数的第三个橱柜里） 写下一系列从一个位置到另一个位置的指示（例如教室到图书馆） 5 年级的基准：在地图或平面图中，准确地放置物体，或者遵循或给出指令在地图或平面图上找出特定的位置
3-2　在简单的地图、格子和迷宫图上绘制、发现并比较可选择的路径	当学生获得这种学习结果时，他们能够： 找出可以通过格状图的几条路径，说出哪条长或短 在一个熟悉的地图上，说出从一个位置到另一个位置的不同出游方式
3-3　使用简单的常用空间语言描述图形、图形的构成、物体的构成和简单横截面	当学生获得这种学习结果时，他们能够： 识别和描述梯形、八边形、五边形、棱柱和三棱锥 五年级的基准：识别并对这些二维图形进行命名（例如立方体、长方体、圆柱体、三棱锥、圆锥和球体），并能够描述它们或画出真实的图画 五年级的基准：使用角、边、面和底这样的常用语言对二维图形和三维物体的构成进行命名 认识到三维物体的面就是平面图形
3-4　识别规则的二维几何图形的对称性	当学生获得这种学习结果时，他们能够： 画出并解释规则的二维几何图形的对称性 五年级的基准：识别有明显的对称线的二维图形（例如将所画的蝴蝶折叠起来，并指出对称线）

（2）在总的课程目标规定下，按照课程的级别水平来对课程目标、内容标准等做出描述的课程结构

这里的级别水平是基于课程目标与内容等要素在成就或能力水平上来界

① 澳大利亚课程标准．［M］．丛立新，章燕，译．北京：人民教育出版社，2005：123.

定的。该种课程标准的组成结构比较有利于适应特定学科的结构特点和学生在特定的学科领域学习的特点，它是一种具有相对明确的内在层级区分和联结的课程标准形式。

以我国的《全日制义务教育　普通高级中学英语课程标准》（实验稿）为例，它就是这种课程标准结构的代表。它按照程度或水平的不同分级对课程目标、内容标准等加以规定和陈述；将英语课程目标按照“能力水平”设为九个级别，对每一级别的目标加以总的描述，包括语言技能、语言知识、情感态度、学习策略和文化意义五个方面，然后按照这些方面的内容标准进行分级详细描述。其设计的思路是：各个级别的目标或者内容标准应该反映“循序渐进、稳定上升”的指导思想，并着力使这些课程目标或要求之间有机地衔接，让课程标准具有整体性。同时各个级别的目标要求与年级不是完全对应的，它并不限定在某一个特定的年级中达到某个级别的目标要求，相对来说可以灵活使用，给实际的课程和教学安排留有调整的余地（表 5）。[①]从学业评价的角度来说（当然主要是大规模考试或测验的角度），这种结构的课程标准也是可以按照类似学段的标准要求来处理的。

表 5　我国中小学英语课程标准的分级结构

九　级	
八　级	← 普通高中毕业时的要求
七　级	
六　级	
五　级	← 九年级结束时的要求
四　级	
三　级	
二　级	← 六年级结束时的要求
一　级	

（3）在总体的规定或陈述下，按照一定的达标水平、年级或者单元来组成课程标准

在这种结构的课程标准中，主要有两种情况。第一种是偏向于职业教育的（当然它也是一种学业成就评价的方式，而且其中一大部分内容也是基于标准的中小学学业成就评价），例如新西兰的全国资格框架（National Qualification Framework，简称 NQF）的评价框架，就是按照不同的成就水平（表 6）设置相应的单元标准（Unit Standards，其实在他们的语境中翻译成

① 中华人民共和国教育部. 全日制义务教育　普通高等中学英语课程标准（实验稿）[M]. 北京：北京师范大学出版社，2001：1-20.

模块标准更为恰当）来指导教学和评价。单元标准是 NQF 基于标准的评价的核心，它明确规定了要评价的内容，学习者在获得学分之前必须达到所有的标准。如果评价要求的表现不是按照单元标准确定的，那么这种评价就是无效的。例如，单元标准规定了任务必须正确完成但没有时间的限制，那么时间就不是评价中的一个因素；如果单元标准只要求进行纯粹的数学计算，那么让学生朗读所有的答题要求就是不应该的。单元标准还允许将评价融入学习过程，这样可以避免过度评价。如果学生在学习过程中达到了标准，就不需要最后的考试。单元标准还规定了评价的量的要求，例如在“媒体研究”单元中有六个要求，只要完成其中的前面两个就行了。①

第二种，主要在加拿大比较常见，它在内容标准以及相应学段的学业要求的基础上还根据教学单元的不同，设置单元标准对具体的课程目标予以阐述。根据它可以进行形成性评价或者及时地反馈，更利于教师的教学。但是从学业成就评价的角度，我们的主要着力点仍然还是在学段或者内容标准、表现标准上。

表 6　新西兰全国资格框架的资格名称和水平

10	博士	
9	硕士	
8	本科后文凭和证书、荣誉学士学位	
7	学士学位 本科文凭	
6	国家文凭 (national diplomas)	
5		
4	国家证书 (national certificates)	
3		1-3 取得相应的学分可以获得 NCEA（国家教育成就证书）
2		
1		

综合上述的讨论，课程标准的不同类型和由其组成的一个完整的文本总是包含一定的结构或者组织方式的。学科课程标准由不同的层面（学校、学区、州县、国家等）制定和使用，为了使所制定的学科课程标准能够得到有效地执行，对层次结构和标准的类型选择会有所不同。从学科本身来说，数

① New Zealand Qualification Authority. Learning and Assessment ; A Guide to a ssessment for the National Qualification Framework [R]. New Zealand Qualification Authority, 2001: 111.

学与物理等学科具有严谨的内在层次结构或者关系，而语言和历史等社会学科属于综合性的科目，其内在的层次结构或垂直结构并不明显，其结构的设计与选择又会有所不同，有些可能分年级、学段或单元来陈述，有些只需要按照毕业层级和学段层级来表述。另外，学习时间的限定对课程标准也是重要的。按照学科、年级学段或者毕业出口等编制的课程标准中，其实时间因素是一个重要的考虑因素。但是总体而言，我们总是在一定的时间阶段来对学生的学业成就做出判断，尤其从大规模的学业成就评价角度出发，我们主要采用的就是按照一定的学段根据课程标准的要求进行评价。

分析课程标准的层次与结构，暗含着一个前提——我们预设既定的课程标准是高质量的。波斯维克与诺兰（Borthwick，A. & Nolan，K.）曾对国际上的课程进行比较研究后认为世界级的国家课程标准应该具有明确性、公共性、严格性、高奖罚性、包容性和可测量性六种品质。① 具体来说就是课程标准对目标或要求所作的陈述应该是清晰的、具体的和确定的；课程标准要面向全体学生，反映共同的需求与期待，为教育者和公众社会认同和接受；课程标准对目标或内容与条件的陈述是严谨的；代表一种较高的要求或期望，并附之以问责要求；课程标准之间应该是相互关联的，把各种有关的课程成分包容在一个整体中；课程标准应该包含可以测量的目标、可用于测量的尺度或有关测量的要求陈述。当然，这几个质量标准也不是绝对的，但是，这告诉我们的是标准本身并不完美，标准是可以进一步完善的，我们需要对课程标准本身的编制进行研究。作为本文来说这不是重点。

从上面的课程标准类型和结构的分析中，可以看出课程标准的内容并没有具体规定学业成就评价测验的目标和内容。也就是说，从课程标准到测验的编制需要转化的过程，下面我们用具体的课程标准来说明这一过程。

二、从课程标准到评价目标

我国教育部制定的《基础教育课程改革纲要（试行）》规定："国家课程标准是教材编写、教学、评估和考试命题的依据，是国家管理和评价课程的基础。应体现国家对不同阶段的学生在知识与技能、过程与方法、情感态度与价值观等方面的基本要求，规定各门课程的性质、目标、内容框架，提出教学和评价建议。"②

---

① Borthwick，A. & Nolan，K. Performance Standards：How Good is Good Enough. Pre－summit Briefing Materials：1996 National Education Summit. Palisades，NY.

② 中华人民共和国教育部．基础教育课程改革纲要（试行）［EB/OL］．（2001－06－07）［2009－01－01］．http：//www.moe.edu.cn/edoas/website18/level3.jsp？tablename=1162&infoid=732 2001.

必须注意的是，虽然课程标准是测验命题、教材编写、学校教学和评估的依据，但是它的目的与评价的目的不完全相同。它规定的总的培养目标、学生的具体学习目标以及内容领域都比评价的测量目标和内容领域等宽泛得多。因此，评价机构在进行评价设计和开发时，决不能认为课程标准既然是评价的依据，就实行简单的拿来主义，照搬照抄课程标准的培养目标和分阶段目标，而是必须对课程标准的培养目标和分阶段目标，甚至内容标准进行分析、研究。

为了获得学业成就的评价目标，需要对相关学科的课程标准进行分析、研究。我国的各学科课程标准一般有四个构成部分：第一前言，表明课程的性质、基本理念和设计思路；第二课程目标，罗列出总目标和分目标；第三内容标准，按照具体的目标列出具体的内容标准；第四是实施建议，包括教学、评价和课程资源开发与利用等。从评价的角度主要分析的是第二和第三部分的课程标准文本，应该关注的内容主要有三个方面。

第一，分析课程标准的总目标中，哪些内容是特定的考试环境可以间接测得的，哪些内容是该环境中不可测的。因为我们的研究重点是大规模的学业成就评价，因此，就必须要分析总目标中，哪些内容是纸笔考试可测的，哪些是纸笔考试不可测的。

第二，分析课程标准中列出的分阶段目标或分类目标中，哪些内容可以作为行为目标，这些行为目标能否与确定的测量目标相联系。

第三，要尽可能完整地列出可以作为考试行为目标的那些分阶段目标或分类目标。行为目标必须是具体的、系统的，必须有反映行为类型和水平的动词对行为进行尽可能详细的描述，这样可以使考试机构内部和外部人员对行为目标的内涵有确切无疑的了解。

结合上述分析，我们采用测量目标、行为目标和表现水平目标的要求来展开从课程标准到评价目标的分析。

（一）从课程标准到测量目标

测量目标的分析主要是分析课程标准文本中的第二部分内容（以我国的课程标准文本为准）。值得注意的是，课程标准所罗列的课程目标并不就等于测量标准，虽然课程标准的课程目标也是抽象的标准。两者是不一样的，测量目标有一定的规范，从课程目标到测量目标需要进一步的转化。

国内有学者在对课程标准的研究中曾对课程标准的陈述方式进行过分析，认为课程标准有结果性目标、体验性目标和表现性目标三种基本的表述方式，并认为要使我们的目标表述能够行为化，目标的陈述中应该要有行为主体、行为动词和行为条件以及表现程度四个基本要素。①

雷新勇则认为测量目标的陈述应该遵循以下几个方面的原则。第一，考试的测量目标应该反映出考生经过一定阶段的学习后，所获得的最终结果或达到的目标；行为目标应该反映考生经过一定阶段的学习后，应该能展示出的行为类型；测量目标和行为目标无需反映学生经历的学习过程，也无需反映教师的教学过程以及教学的具体内容。第二，行为目标不需要包含具体的表现方式，它应该是许多具体方式的概括。第三，行为目标不需要包含具体的课程内容，它只需要明确作为考生达到某种标准的证据的行为类型。第四，测量目标和行为目标的表述应该以观察或测量的行为目标的动词开头，该动词应该反映出考生行为表现的类型，或者行为表现的水平等。②

也许有人会提出质疑：现在的课程标准及其评价理念已经从强调终极性评价转变为强调过程性评价，上述原则似乎与这一理念不一致。这种质疑是有道理的，但只能在学校教育、教学和评价的背景上来理解。学校教育、教学和评价显然不但要注重终极性评价，也要注重过程性评价，要关注学生的成长过程。但对于大规模学业成就评价而言，尤其是以纸笔形式为主的考试而言，其评价的重点只能是结果，不可能是过程。

为了学业成就评价的需要，本文以我国义务教育阶段的地理学科课程标准的课程目标为例予以分析。其总体目标的内容如表 7 所示。③

表 7　我国义务教育阶段地理课程标准的目标

一、总目标 通过 7～9 年级地理课程的实施，学生能够了解有关地球与地图、世界地理、中国地理和乡土地理的基本知识，了解环境与发展问题；获得基本的地理技能以及地理学习能力；使学生具有初步的地理科学素养和人文素养，养成爱国主义情感，形成初步的全球意识和可持续发展观念

① 钟启泉，崔允漷．新课程的理念与创新：师范生读本［M］．北京：高等教育出版社，2003：75.

② 雷新勇．大规模教育考试：命题与评价［M］．上海：华东师范大学出版社，2007：100－102.

③ 中华人民共和国教育部．全日制义务教育地理课程标准（实验稿）［M］．北京：北京师范大学出版社，2001：2－3.

续表

二、知识与技能 1. 掌握地球的基本知识，学会运用地球仪的基本技能；掌握阅读和使用地图和地理图表的基本技能，初步学会简单的地理观测、调查统计以及运用其他手段获取地理信息等基本技能 2. 能初步说明地形、气候等自然地理要素在地理环境形成中的作用，以及对人类活动的影响；初步认识人口、经济和文化发展的区域差异，以及发展变化的基本规律和趋势 3. 知道世界、中国和家乡的地理概貌，了解中国与世界的联系；初步学会根据一个国家或一个地区的地理信息，归纳其地理特征 4. 了解人类所面临的人口、资源、环境和发展等重大问题，初步认识环境与人类活动的相互关系 **三、过程与方法** 1. 通过各种途径感知身边的地理事物，并形成地理表象；初步学会根据搜集到的地理信息，通过比较、抽象、概括等思维过程，形成地理概念，进而理解地理事物分布和发展变化的基本规律 2. 尝试运用已获得的地理概念、地理基本原理，对地理事物进行分析，做出判断 3. 尝试从学习和生活中发现地理问题，提出探究思路，搜集相关信息。运用有关知识和方法，提出看法或解决问题的设想 4. 运用适当的方法和手段，表达自己学习的体会、看法和成果，并与别人交流 **四、情感、态度与价值观** 1. 初步形成对地理的好奇心和学习地理的兴趣，初步养成求真、求实的科学态度和地理审美情趣 2. 关心家乡的环境与发展，关心我国的基本地理国情，增强热爱家乡、热爱祖国的情感 3. 尊重不同国家的文化和传统，增强民族自尊、自信的情感，懂得国际合作的价值，初步形成全球意识 4. 增强对环境、资源的保护意识和法制意识，初步形成可持续发展的观念，逐步养成关心和爱护环境的行为习惯

我们从学生最后所要达到的学习结果要求出发，结合对课程标准表述的要求，合并表 7 中“学生能够了解有关地球与地图、世界地理、中国地理和乡土地理的基本知识，了解环境与发展问题”，“了解人类所面临的人口、资源、环境和发展等重大问题，初步认识环境与人类活动的相互关系”等重复的内容；剔除“运用适当的方法和手段，表达自己学习的体会、看法和成果，并与别人交流”，“初步形成对地理的好奇心和学习地理的兴趣，初步养成求真、求实的科学态度和地理审美情趣”，“关心家乡的环境与发展，关心我国的基本地理国情，增强热爱家乡、热爱祖国的情感”，“尊重不同国家的

文化和传统，增强民族自尊、自信的情感，懂得国际合作的价值”等考试不可测量的内容；修改“通过各种途径感知身边的地理事物，并形成地理表象；初步学会根据搜集到的地理信息，通过比较、抽象、概括等思维过程，形成地理概念，进而理解地理事物分布和发展变化的基本规律”等从教师教学角度出发的内容，然后对其中的内容以行为化和结果要求明确化的方式进行相应的改编，得到表 8 所示的内容。当然，这里的处理是一种理想化了的处理结果，限于课程标准的开发和多种用途，它本身不可能做出这样的表述。但是从实际评价的需要出发，我们应该在学业成就评价的开发过程中有这方面相应的考虑，这样有了具体的测量目标，那么考试的结构效度就会有保证。

表 8　虚拟的我国义务教育阶段地理学科考试行为化的测量目标

总目标：

考查考生初步的地理科学素养和人文素养：即地理学科的基础知识；基本的地理技能以及地理学习能力；全球意识和可持续发展的观念

分类目标：

1. 地理基础知识

· 掌握地球的基本知识

· 能初步说明地形、气候等自然地理要素在地理环境形成中的作用，以及对人类活动的影响；初步认识人口、经济和文化发展的区域差异，以及发展变化的基本规律和趋势

· 知道世界、中国和家乡的地理概貌，了解中国与世界的联系；初步学会根据一个国家或一个地区的地理信息，归纳其地理特征

2. 基本的地理技能以及地理学习能力

· 能够感知身边的地理事物，形成地理表象

· 能够初步地对搜集到的地理信息进行比较、抽象、概括等思维加工，形成地理概念

· 理解地理事物分布和发展变化的基本规律

· 能够尝试运用已获得的地理概念、地理基本原理，对地理事物进行分析，做出判断

· 能够尝试从学习和生活中发现地理问题，提出探究思路，搜集相关信息。运用有关知识和方法，提出看法或解决问题的设想

3. 全球意识和可持续发展的观念

· 了解人类所面临的人口、资源、环境和发展等重大问题，初步认识环境与人类活动的相互关系

· 具备或初步具备对环境、资源的保护意识和法制意识

· 初步了解不同国家的文化和传统，懂得国际合作的价值

注：本表参考了雷新勇所著的《大规模教育考试：命题与评价》（华东师范大学出版社，2007 年版）第 106 页的内容并进行了改编，另外雷新勇对上海市高中语文课程标准的课程目标分析也较具参考价值。

（二）从课程标准到行为目标

如果说课程标准中的测量目标是对评价的一种总体要求，体现的是对学业成就的总的构想或者理念，那么，内容标准是对这种总构想的具体化。从评价的角度来看，内容标准中罗列的目标本身已经接近行为化了，也比较符合实际评价的要求。内容标准中的大部分目标都可以作为我们学业成就评价的目标，只要去掉一些统一考试（或者说大规模的纸笔考试）不能测量的内容，和对一些目标进行修改就可以了。

以我国《历史与社会课程标准》（二）为例，在它的总目标“在掌握必要的人文社会科学知识和技能的基础上，体验对历史和现实问题进行综合探究的过程和方法，正确面对人生和社会发展的各种问题，逐步树立集体主义、爱国主义和社会主义思想，初步形成科学的世界观、人生观和价值观”下，列出了所有的一级目标。在进行评价目标的选择时，我们可以先总体考察这些具体的一级目标，发现只有极少数的目标是我们的纸笔考试不能评价的，例如表 9 中“感受教育、科技、文学、艺术、体育与文化生活的关系”，“面对当今的社会变动，努力保持良好的心态，建立和谐的人际关系，承担应有的社会责任”等内容。

假如仅凭一级目标不能判断的话，可以具体考察一级目标下列出的具体目标说明（详见表 10，如“体会在现实社会生活中各种规则、制度的意义”似乎不能作为我们的评价目标，但是具体考察这一目标下的具体目标，就可以发现其中除了“在尝试制定规则的过程中，体验遵守规则的重要性”，“学会向有关部门和社会机构寻求帮助”等，以及需要修改“体察它们各自的作用”中“体察”这个词，大部分都是可以作为评价目标的），从中判断某一项一级目标是否可以作为评价的目标，一级目标中的哪些内容可以作为评价的目标。当然，总体而言，我们的评价目标来源主要是一级目标下罗列出的具体目标，但是一级目标对于我们考察评价目标的权重和评价的范围安排是极为重要的。

表9　历史与社会课程标准(二)内容标准中的一级目标概览①

我们的生活世界	1. 在具体的情境中，选择和利用必要的工具、技术和方法，识别、获取和整理相关社会信息 2. 观察、发现和理解不同地区的自然与人文特征 3. 识记、再现人类社会发展的主要脉络 4. 体会在现实社会生活中各种规则、制度的意义 5. 尝试在经济生活中可能充当的各种角色，初步树立现代经济意识 6. 感受教育、科技、文学、艺术、体育与文化生活的关系 7. 感悟人们的思想和行为在不同的时间、空间条件下有所不同，有所变化
我们传承的文明	1. 理解历史上人类活动与自然环境的相互影响 2. 回顾人类文明的历程，认识文明的发展是多种多样的 3. 考察社会文化现象的变迁，了解文明传承的时间和空间联系 4. 通过了解重大历史事件和重要历史人物，认识人类社会不断进步的大趋势 5. 关注普通人的生活，理解民众是历史的主人，是创造与传承文明的主体 6. 在世界文明进程的大背景中，关注中华文明的发展与中华民族的兴衰
我们面对的机遇与挑战	1. 从中华人民共和国的成长历程与现代世界的发展中，认清我们面对的机遇与挑战 2. 了解当今的人口、资源与环境问题，主动关注社会的可持续发展 3. 关心国家的民主与法制建设，自觉依法行使公民的权利与义务 4. 了解当今科技发展与经济成长的特点，逐步形成促进社会进步的思想观念 5. 了解当今的全球化趋势，形成积极融入国际社会的意识 6. 面对当今的社会变动，努力保持良好的心态，建立和谐的人际关系，承担应有的社会责任

① 中华人民共和国教育部. 历史与社会课程标准（二）[M]. 北京：北京师范大学出版社，2001：32.

表 10　历史与社会课程标准(二)中的内容目标节选

课程目标	内容目标
目标 4 体会在现实生活社会中各种规则、制度的意义	4-1　在尝试制定规则的过程中，体验遵守规则的重要性 4-2　列举于日常生活密切相关的规则或制度，体察它们各自的作用 4-3　列举我国为成年人依法享有的基本权利和应该承担的义务 4-4　知道解决社会生活中一些特殊问题的办法和途径，学会向有关部门和社会机构寻求帮助 4-5　结合一些社会问题实例，说明应该如何依法行使监督权

(三) 从课程标准到表现目标

从大规模考试的角度来说，这一部分的内容国际上有一定的尝试但并不成熟，在我国，短期内也不可能进行这样的评价。我国目前也没有表现性课程标准，这部分内容只是一种尝试。

对于常模参照考试而言，一般制定出测量目标和行为目标就可以满足要求了。但对于基于课程标准的评价（标准参照考试）而言，仅仅制定测量目标和行为目标还不够。标准参照考试的主要目的是比较学生的学习水平与课程标准规定的标准之间的差异，用标准对考试结果进行解释和比较。因此，需要进一步规定考生表现出的行为达到什么程度才算合乎标准，这就要求有表现性课程标准或表现水平标准/目标。

尽管在我国的教育考试中，早就有了标准参照考试，如初中的会考，普通高中的会考，大规模的自学考试等。但这些标准参照考试的设计和开发多数极不规范，几乎都没有编制表现水平标准。而且在我国现行的各学科课程标准当中也没有相应的表现性标准的内容，这也是我们的课程标准在实际的运用中不受重视的原因之一。

如何确定表现水平标准，分为两种情况。第一种情况是，现有的课程标准文本中有表现标准，例如美国蒙大拿州数学课程标准（表 11）。[①] 那么，我们就可以利用现成的课程标准中的表现水平标准来确定我们对学生的期望水平以及合格程度的要求。当然，开发表现性课程标准或者表现水平标准是比较困难的，需要大量人力和物力的投入，即使是在美国，拥有成熟的表现性课程标准的州也不太多（比较成熟的有华盛顿州、马里兰州和蒙大拿州

① MONTANA STANDARDS FOR MATHEMATICS［DB/OL］.［2007－12－11］. http://opi.mt.gov/pdf/Standards/ContStds－Math.pdf.

等)，更多的地方是处在开发过程中。第二种情况是，现有的课程标准文本中没有相应的表现水平标准，可以结合测量目标和行为目标（内容标准），有条件的情况下还可以参照课程标准中的基准来确定对学生的期望水平。制定表现水平标准的关键就是要在相同的情景条件下，在确定合格的表现水平的基础上，描述出高级、精熟（proficient）、接近精熟（nearing proficient）和新手的水平要求或者优秀、良好、合格与不合格等不同水平的要求，以对学生的期望做出准确的界定。当然，如何开发这种表现水平标准是一个极富挑战和意义的事情，但是从本文来说，主要是应用现有的课程标准来确定评价的目标及其分布，所以关于第二种情况留待以后再进行研究。

表 11　美国蒙大拿州数学课程标准

数学内容标准（测量目标）	基本要求（行为目标）	表现水平标准（十二年级末时）
Ⅰ. 能够运用适当的技术，参与到解决问题、推理、估算、交流、联系和应用的数学过程中	1. 根据数学或非数学情景，确认和形成问题；并运用解决问题策略来解决这些问题 2. 在问题解决过程中，选择、应用和评价适当的估算策略 3. 形成定义，做出推断并对推断的合理性进行判别，交流各类数学思想和关系 4. 对同一问题情景或同一数学概念的不同表达方式进行转换和应用；对非数学学科的问题情景建立数学模型 5. 选择和运用适当的数学技术来加强数学理解。适当的技术可以包括纸、笔、计算器、计算机和数据收集装置	**高级水平**：在数学领域达到高级水平的毕业生应该能够展示： 1. 能够自我激励，独立学习；能够拓展和联系各种思想 2. 能够准确、清晰和有效地应用所有数学过程 3. 有效地运用多种策略，将各种概念拓展到新的情境中，并且熟练地交流成果 4. 探索假定的问题，使用复杂的推理进行各种有效论证，形成各种证据 5. 运用适当的技术，应用函数、图形和代数的概念解决理论和真实问题 6. 应用复杂的测量以及几何、代数关系模拟各种问题和情境 7. 根据数据、概率和统计的分析结果做出准确、合理的预测和决策
Ⅱ. 能够理解和运用各类数和各类数的运算	1. 理解和运用实数及其运算、符号和实数范围的其他数 2. 运用复数的定义和基本运算	

续表

<table>
<tr><th>数学内容标准
（测量目标）</th><th>基本要求（行为目标）</th><th>表现水平标准（十二年级末时）</th></tr>
<tr><td>Ⅲ. 能够运用各种代数的概念、过程和语言来模拟和解决真实问题和数学问题</td><td>1. 运用代数表示各种模型变化
2. 运用代数表达式的基本运算
3. 解代数方程和不等式：线性方程、四次方程、指数方程、对数方程和幂函数方程
4. 解代数方程组、不等式组，包括运用矩阵
5. 运用代数模型来解数学问题和真实问题</td><td rowspan="3">8. 能够确认数学学科内以及学科外各种问题的相互联系
熟练水平：在数学领域达到熟练水平的毕业生应该能够展示：
1. 正确应用各种数学过程解决各种问题，交流各种成果
2. 在各种情境下应用数学过程
3. 正确使用各种技术，应用函数、图形和代数概念解决理论和真实问题
4. 运用复杂的推理，使用适当的数学思想，形成各种逻辑论证和证据
5. 应用复杂的测量和几何、代数关系模拟各种问题和情境
6. 根据数据、概率和统计做出合理的预测和决策
7. 能够确认数学学科内以及学科外各种问题的相互联系
接近熟练水平：在数学领域达到准熟练水平的毕业生应该部分掌握了熟练水平必需的预备知识和基本技能：
1. 应用不完全或不正确的数学过程解决问题，且常常是不准确的
2. 能够交流数学思想，有时能够拓展数学思想，但常常不准确</td></tr>
<tr><td>Ⅳ. 能够理解几何图形，运用几何学原理</td><td>1. 构筑和解释三维物体，绘制三维物体图形
2. 根据全等、相似对图形进行分类，并运用这些关系
3. 能够进行综合法和坐标法之间的转换
4. 在问题解决中，运用转换、坐标和矢量来推导图形的性质
5. 运用三角函数（正弦、余弦、正切）解与三角有关的问题</td></tr>
<tr><td>Ⅴ. 理解可测的特质，并能够运用测量过程解决问题</td><td>1. 运用间接测量的概念
2. 运用维度分析检查过程的合理性
3. 研究导出的测量单位系统
4. 适当地运用测量中估计、误差、容忍度和精确度等概念</td></tr>
</table>

续表

<table>
<tr><th>数学内容标准（测量目标）</th><th>基本要求（行为目标）</th><th>表现水平标准（十二年级末时）</th></tr>
<tr><td>Ⅵ.能够理解和运用数据分析、概率和统计原理解决问题</td><td>1. 根据数据，运用曲线拟合方法进行预测
2. 运用趋中测量参数，理解变化和相关的概念
3. 针对某种统计分析选择适当的采样方法
4. 运用实验概率、理论概率和模拟方法表示和解决问题，包括期望值问题
5. 设计统计实验来研究问题，交流成果
6. 用一般的术语描述正态曲线，用正态曲线的性质回答有关假定是正态分布的各类数据的问题</td><td rowspan="2">3. 有时能够理解和使用适当的技术，运用函数、图形和代数概念解决真实问题和数学问题
4. 在确认复杂的测量以及几何、代数关系方面有时会有困难，导致产生不准确性
5. 有时能够根据数据、概率和统计做出预测和决策，但常常不准确
6. 能够做出各种联系，但不能拓展或证明这些联系，论证常常缺乏适当的数学思想的支撑和严格的推理
新手水平：在数学领域达到初级水平的毕业生刚刚开始获得学习数学领域必需的预备知识和基本技能：
1. 能够有限地、不完全地使用各种数学过程和问题解决策略
2. 常常使用有限的和不完全的推理，形成逻辑论证，交流数学思想
3. 只能做出一些具体的数学联系
4. 很少使用适当的技术或运用函数、图形和代数概念解决问题
5. 确认有限的复杂测量、几何关系和性质
6. 根据数据做出有限的预测和决策，但是很少能够确认统计或概率的概念</td></tr>
<tr><td>Ⅶ.能够理解、运用各类模型、关系和函数</td><td>1. 运用图形、数字、物理的、代数的和语言的数学模型和表示方法，来描述函数和反函数
2. 分析多项式函数、有理函数、幂函数、指数函数、对数函数和周期函数图形
3. 分析参数变化对函数图形的影响
4. 用各种函数来建立真实问题模型
5. 将作图技术应用于参数方程、三维方程和递归关系</td></tr>
</table>

第八章

测验内容的编制与规范

课程标准的文本并不是评价直接可用的材料，从课程标准到评价的实施，评价目标的确定只是其中的第一个步骤。我们还需要根据课程标准和评价的目标，对课程标准进行进一步转化，确定具体的评价内容和与之相适应的试题及其范围。在这一部分主要讨论基于课程标准的学业成就评价测验编制的内容规范，具体包括测验内容规范的含义与类型，测验内容规范表的设计以及试题的抽样技术。

测验的研制是根据一个具体的计划出题，然后将这些题目组成一份测验，来对一个人的知识、技能、能力、兴趣、态度或其他某些特性进行测量的过程。测验的研制过程主要考虑以下几个方面：内容、形式、使用的场合和使用该测验的可能后果。我们可以将教育与心理测验研制的整个程序从最初对测验目的的陈述到最终成品分成四个阶段来看："①描述测验目的及所测量的范畴；②研制和评价测验的内容细则；③研制试题、评分方法和步骤、先期的试验和评价；④组合和评价正式的试卷。"[①] 这是一个典型的测验研制过程。不过，根据具体情况，人们只需参照其中的一些步骤就可以了，不需要亦步亦趋。由于本人不具备特定学科的学科背景，不能深入地对某一门学科的内容进行完整的命题研究，更多的是一种测验研制规范的研究。因此，本文的研究重点放在：阐述测验的目标、构建测验的框架、研制命题的内容细则和试题规范。换言之，本文主要关注编制试卷的步骤。

一、学业成就测验的内容规范的含义与类型

(一) 测验内容规范的含义

与测验内容规范相近的词汇有：测验设计蓝图（test blueprint）、评价细则（assessment specification）、测验细则（test specification）以及内容细则（content specification）等，它们的核心内容是相近的。例如，设计测验蓝图"是为了使测验的取样对教学内容与教学目标有较好的代表性，能覆盖学科教材的全部内容，又能反映各个部分内容和各个层次的相对比重。一般有确定测验内容要目、应考察的目标层次、各项测验内容要目下的权重以及形成命题双向细目表等步骤"。[②] 按照美国华盛顿州学业成就测验中的说明，测验细则包括测验的目标、内容标准与学习目标、过程标准与学习目标、内容的组织、试题的权重以及试题的分布与呈现等内容。[③] 内容细则即测验内容规范，俗称内容细目表或多维细目表，一般包括：测验的测量目标和行为目标、测验涉及的内容领域、题型、题量，包括每一个测量目标或内容领域的题量。[④] 综观上述定义，本文使用的测验内容规范是对明确测验的内容领域的范围、内容领域的结构（即内容领域不同方面知识的比重），确定测验

---

① 美国教育研究会、心理学协会和教育测量学会．教育心理测试标准［M］．燕娓琴，谢小庆，译．沈阳：沈阳出版社．1999：61.

② 黄光扬．教育测量与评价［M］．上海：华东师范大学出版社，2002：116.

③ Washington Commission on Student Learning . Test Specifications for the Washington Assessment of Student Learning Grade 3 Mathematics［R］．2005.

④ 雷新勇．大规模教育考试：命题与评价［M］．上海：华东师范大学出版社，2007：118.

试题的题型及其相应的规范和分布等的规范。

还有一个与之接近的概念是“考试大纲”。表 1 就是代表我国考试大纲水平和内容的一个样例节选。考试大纲对试题的命制作用极大，但是与课程标准的联系并不紧密（一部分原因可能是高考本身的性质决定的），考试大纲规定的内容与课程标准规定的内容相差很大。我们不能根据考试大纲来界定基于课程标准的学业成就评价的测量目标，对基于课程标准的学业成就评价进行内容取样、确定题量权重等，还需要另行开发中间的环节。

表 1　2007 年普通高等学校招生全国统一考试新课程标准语文科考试大纲①

Ⅰ. 考试性质（略）

Ⅱ. 考试能力要求

A. 识记：指识别和记忆，是最基本的能力层级

B. 理解：指领会并能作简单的解释，是在识记基础上高一级的能力层级

C. 分析综合：指分解剖析和归纳整理，是在识记和理解的基础上进一步提高了的能力层级

D. 鉴赏评价：指对阅读材料的鉴别、赏析和评说，是以识记、理解和分析综合为基础，在阅读方面发展了的能力层级

E. 表达应用：指对语文知识和能力的运用，是以识记、理解和分析综合为基础，在表达方面发展了的能力层级

F. 探究：指探讨疑点难点，有所发现和创新，是在识记、理解、分析综合的基础上发展了的能力层级

Ⅲ. 考试内容（必考内容）

（一）现代文阅读　阅读一般论述类和说明类文章

1. 理解 B

（1）理解文中重要概念的含义

（2）理解文中重要句子的含意

2. 分析综合 C

（1）筛选并整合文中的信息

（2）分析文章结构，把握文章思路

（3）归纳内容要点，概括中心意思

（4）分析概括作者在文中的观点态度

（二）古代诗文阅读

1. 理解 B

（1）理解常见文言实词在文中的含义

（2）理解常见文言虚词在文中的意义与用法

---

① 中华人民共和国教育部考试中心. 2007 年高考语文考试大纲（考试中心标准版）节选[EB/OL]. [2006-04-05]. http：//gz.eywedu.com/Article_Show.asp? ArticleID=2375.

续表

常见文言虚词：而、何、乎、乃、其、且、若、所、为、焉、也、以、因、于、与、则、者、之 (3) 理解与现代汉语不同的句式和用法 不同的句式和用法：判断句、被动句、宾语前置、成分省略和词类活用 (4) 理解并翻译文中的句子 2. 分析综合 C (1) 筛选文中的信息 (2) 归纳内容要点，概括中心意思 (3) 分析概括作者在文中的观点态度 3. 鉴赏评价 D (1) 鉴赏文学作品的形象、语言的表达技巧 (2) 评价文章的思想内容和作者的观点态度 4. 默写常见的名句名篇 A (三) 语言文字运用（略） (四) 写作　能写论述类、实用类和文学类文章 作文考试的要求分为基础等级和发展等级 1. 基础等级 E（具体要求略） 2. 发展等级 E（具体要求略）　　* 每一个错别字扣 1 分，重复的不计。

综观上述几个概念，我们在编制具体的基于课程标准的学业成就测验或评价之前，首先要弄清楚所测验的是什么（评价目标的确定在上一章已说明），需要明确定义测验的内容领域的范围、内容领域的结构（即内容领域不同方面知识的比重）；其次要明确如何测量，主要是确定测验试题的题型及其相应的规范和分布。这是测验内容规范的主要内容。下面我们就对测验内容规范的内容和类型进行具体分析。

（二）测验内容规范的内容和表现形式

1. 测验内容规范的内容

设计测验内容规范的目的是为了指导命题人员编制出能够引导考生表现出预期行为的试题。引导考生表现出测验预期行为，是测验的直接目的，也是评价测验结果的解释和使用有效的关键。

首先，测验的考察目标和行为目标是测验内容规范的必需内容，而这一内容恰恰最容易为国内许多招生和考试机构所忽略。综观国内许多招生考试机构关于测验的报告，一般很少关注测验的测量目标及相应的行为目标，甚至课程标准本身也不甚关注。在上一章中对此已有较为详细的说明，这里不再赘述。

其次，测验的测量目标一般是对学科而言的，是对欲考查的学科知识与技能、方法与能力的概括。在测验内容规范中纳入内容领域，其最主要目的是保证测验所测的内容领域具有代表性，即我们常说的测验内容覆盖面。众所周知，无论试卷覆盖的内容范围有多么广，它只能是所有可能的内容领域的一个样本。测验机构希望通过样本，尽可能多地了解考生对概念、原理、过程、方法的理解和掌握情况，尽可能多地了解考生在各种情景中应用概念和原理解决问题的能力。但是，测验中试题的数量是有限的，测验的情景数量也是有限的，只能使用有限的试题和情景进行考查。在每个学习领域，针对测量的行为目标，只能选取少数样本，将其作为在该领域表现的证据，并假定考生在所选领域试题测量的行为上的表现能够代表其在同一领域其他试题上的表现。这就意味着，所选的有限样本必须尽可能代表整个学科的内容领域。如果测验机构设计的内容规范中包含内容领域，就会比较容易获得有代表性的样本，避免某些内容领域的试题过多或过少的情况。

再次，题型和题量也是测验内容规范中必须出现的内容，但两者不一定同时出现。在有些测验机构设计的内容规范中，题量以题数的形式出现；而在另一些测验机构设计的内容规范中，题量以分值的形式出现，或者以题数或分值的百分数形式出现。

最后，为了能够根据题型和题量编制出能反映我们对学生学业成就要求的测验，还应该有一定具体的取样和组织方法以及技术来保证测验的质量要求，这一点对于采用大规模学业成就测验的我国尤为重要。

2. 测验内容规范的表现形式

测验内容规范的类型与内容规范的内容有关，一般以测验内容规范表的形式出现。一般常见的内容规范表有两类。

（1）单维内容规范表　这种表一般只需列出测验测量的行为目标。一般像语文、英语的阅读理解部分的内容规范表即可以采用单维规范表的形式（表 2）。在英语听力和阅读的命题中，只要在测验的内容规范表中列出一系列欲考察的行为目标以及每一行为目标上试题的数量和题型，再加上对语篇材料选择的规定，就足以说明命题的内容了。尽管每次测验听的、阅读的语篇材料会发生变化，但所考察的能力目标却是相当稳定的。因此，只需要一套标准的内容规范和对话语及语篇材料选择的规定，就可以指导命题教师对这两部分进行命题了。

表 2　高中英语听力和阅读理解部分内容规范表示例①

项　目	测量的技能	试题数	题型
听力部分	1. 获取重要的事实信息	10	多项选择题
	2. 理解话语中隐含的意思	5	
	3. 归纳话语的主旨大意	5	
阅读理解部分	4. 识别语篇中的细节	10	
	5. 根据上下文理解词义和句子	8	
	6. 辨别文中表述的关系	8	
	7. 归纳语篇的主旨大意	4	
	8. 推测语篇隐含的意思	6	
试题总数		56	

（2）多维内容规范表

这种表一般同时列出测验测量的行为目标和测验采样的内容领域。如果命题过程中，不但要考虑测量目标，同时还要考虑涉及的内容领域，则要采用多维内容规范表。多维内容规范表也有多种形式。

例 1，利用布卢姆目标分类法来评估“美国殖民生活”单元的内容规范。该单元有 6 个教学目标，目标 1：了解 16 世纪新英格兰州一个镇和南部一个种植园通行的工作方式；目标 2：记住 4 个殖民人物的名字；目标 3：知识应用：比较同一地区人民殖民时代与当今时代的生活；目标 4：评价卷入到塞勒姆巫术审判中的马萨诸塞州人的行为；目标 5：创作书面广告，鼓励欧洲人移民到新英格兰或南部地区；目标 6：检查对殖民地生活的理解是如何影响一个学生对当代生活的思考的。②

表 3　利用布卢姆目标分类法来评估“美国殖民生活”单元的内容规范

知识维度	记　忆	理　解	应　用	分　析	评　价	创　造
事实性知识	目标 2 测试题目：让学生完成 4 道“名字——成就”配对题					

① 雷新勇．大规模教育考试：命题与评价［M］．上海：华东师范大学出版社，2007：120.

② National center for History in Schools. National standards for histroy［EB/OL］.［2007-11-18］. http://www. sscnet. ucla. edu/nchs/standards.

续表

知识维度	记　忆	理　解	应　用	分　析	评　价	创　造
概念性知识	目标 1 测试题目：12 道关于城镇和种植园的判断题	目标 1 测试题目：20 道关于城镇和种植园的多项选择题	目标 3 测试题目：简答题：运用有关知识对比当今生活和殖民时期生活		目标 4 测试题目：简答题：详述“巫术审判”	
过程性知识						目标 5 测试题目：成就性评价：制作广告作品
元认知知识				目标 6 测试题目：简答题：要求体现学生思维过程		

例 2，提供一个理论上的测验规范设计框架。它遵循以下程序来进行设计：明确命题的目的；确定命题的内容，把握各知识点的认知要求和权重；制订相应评分细则；核查并汇集题目等。

表 4　测验规范设计框架

命题的目的与试卷的总体难度：											
考察内容	考察目标						其他考量				
___学期/单元	记忆 ___%	理解 ___%	应用 ___%	分析 ___%	评价 ___%	创造 ___%	难度	题型	题量	价值取向	评分细则
知识点 1											
知识点 2											
……											
测试时间：___分钟											

例3，以江苏省2008年高考语文考试大纲为基础编制的测验内容规范表。根据考试大纲中具体规定的考试内容、题型和题量以及分数比例，编制成表5。

表5　以江苏省2008年高考语文考试大纲为基础编制的测验内容规范表

内容领域	题　数	题　型	分　数	备　注
现代文阅读	4题	包含简答题和表述题	20分	
古代诗文阅读	6题	单项选择题 古诗鉴赏简答题 名词名句填空题	34分 其中选择题9分；古文翻译题9分；古诗鉴赏简答题8分；名句名篇填空题8分	
语言文字运用	5题	包含单项选择题和表述题	18分	
写作	1题	写作	70分	
选考内容	4题	论述类文本阅读/实用类文本阅读	18分	满分160分

二、基于课程标准的测验内容规范表设计

从现有的研究来看，对测验尤其是标准化测验编制的研究成果比较多，相对也比较成熟。斯蒂金斯（Stiggins R.）就曾经指出，编制标准的测验，尤其是为保证大规模测验的质量要有以下步骤：第一步，要仔细研究将评价哪些重要的学业目标，有一个非常明确的评价目标；第二步，选择适当的评价方法，逐步加大表现性评价方法的应用；第三步，编写测验题目；第四步，合成测验，控制偏差源等。① 美国西北教育实验研究室从支持基于标准的评价系统的全面开发和推行的角度提出，编制应该遵循“确定能够清晰定义学生应该知道什么，能够做到什么的评价标准；开发或选择多种有效的评价形式来测量预测标准范围内的学生表现；开发或改编一套评价系统，使其能够对学生达成预测标准的程度得出可靠的结论；向主要利益关系人（如学

① Richard J. Stiggins. 促进学习的学生参与式课堂评价［M］. 促进教师专业发展与学生成长的评价研究项目组，译. 北京：中国轻工业出版社，2005：282.

生、家长、教师、学校和学区行政管理人员、校董会成员、中学后续教育招生人员及雇主）报告评价结果”等步骤。① 还有像美国教育考试服务中心（ETS）、教育心理测试标准等专业机构和文献也有类似的描述。显然，关于标准化的测验编制的研究已经是相对成熟，但是标准化的测验编制并不等于基于课程标准的测验的内容规范要求，我们还需要考虑以下问题。

（一）评价与课程标准匹配度的检查

值得注意的是，在测验内容规范表中，测验的测量目标、内容领域及每个内容领域相应的行为目标是内容规范表的核心。制作测验内容规范表之前，应该对课程标准进行研究，了解课程标准中每个内容领域的行为特征及其与考试的行为目标的关系。这里我们需要关注的是在基于课程标准的评价中的一个核心概念——评价与课程标准的匹配（alignment）。

评价者希望他们看到的学生学业成就测验分数，是建立在一个完全符合课程编制者期望（体现在课程标准上）的测验之上，而不是源于一个与课程标准毫不相干的测验。可以说，评价与标准的匹配度在“问责制”中扮演了举足轻重的角色：它使得一切来源于学业成就测验分数与结果的解释与推论有了可靠来源与推理依据。

评价与标准的匹配度，指的是测验内容与学科内容的匹配程度，参照标准是课程标准中对于学业成就表现的规定，② 其分析纬度有两个。其一是内容匹配度，即测验内容在多大程度上与国家课程标准或学术标准的学科领域内容相匹配。具体包括：内容广度，即测验内容是否覆盖了学术标准范围，是不是无条件地与之保持了一致性；覆盖范围，即试题是否代表了每一个学术标准的相关具体目标，即覆盖平衡；试题是否反映了学术标准的重点与优先强调的内容。其二是水平匹配度，即试题在多大程度上符合了国家课程标准或学术标准中对知识与技能的认知复杂性的规定。例如，一个仅仅强调回忆与再认的测验，肯定不能很好地与要求学生展示良好技能的学术标准相匹配。

良好测验匹配度的获得依赖于成功的标准开发与评价开发活动。当标准一旦确立后，如何测量学业成就这一问题总是随之而来。无论是开发测验蓝图还是试题规范，为了能测量我们预期的学习结果，评价的开发必须要与课程标准一致，这样，所设计的试题（任务）才能用来测量具体的学术目标。

---

① Kim O'Neill , Kendyll Stansbury . Develeping a Standards－Based Assessment System: *A Handbook*. WestEd, San Francisco, CA. 2000: 2.

② La Marca, Paul M. Alignment of standards and assessments as an accountability criterion. Practical Assessment [J]. Research & Evaluation, 2001 (7): 21.

当评价开发好后，必须进行匹配度检验。当实施基于标准的学业成就评价以及选择那些不是专门为某地区而设计的评价工具时，匹配度检验显得尤为重要。而且，一旦评价工具或学生所得分数发生变化，必须进行匹配度的再检验。另外，参与标准与评价分析的人员必须是那些在学科领域与评价领域都有深厚造诣的专家，其分析应该是独立进行与无偏见的；而且，分析专家不能过多参与标准开发与评价开发。

（二）测验内容规范表的编制步骤

根据上述分析，基于课程标准的测验内容规范必定也是以与课程标准的规定相匹配为核心的。测验内容规范表的设计主要就是对课程标准规定的各个环节的具体要求的具体化、规范化和程序化。参照雷新勇的研究①，笔者认为制作测验内容规范表一般包括以下四个步骤：

（1）列出课程标准下的测量目标、行为目标等；

（2）确定每一个内容领域的行为特征与考试测量的行为目标的对应关系；

（3）以考试测量的行为目标为一维，以考试的内容领域为另一维，制作考试内容规范表底表，将每一个内容领域与行为目标相应的行为特征填入两个维度交叉的单元格中；

（4）确定每个单元格的采样数（试题数）以及题型。

按照上述步骤，现以我国义务教育阶段地理考试内容规范表（部分）的制作为例说明上述过程。首先，列出考试测量的行为目标。根据地理课程标准对第七章的相关规定，将虚拟的地理考试的行为目标列于表 6 中（限于篇幅此处仅列出地理基础知识部分）。

表 6　虚拟的地理考试测量目标（地理基础知识部分）

1. 地理基础知识

（1）掌握地球的基本知识［测量目标（1）］

（2）能初步说明地形、气候等自然地理要素在地理环境形成中的作用，以及对人类活动的影响；初步认识人口、经济和文化发展的区域差异，以及发展变化的基本规律和趋势［测量目标（2）］

（3）知道世界、中国和家乡的地理概貌，了解中国与世界的联系；初步学会根据一个国家或一个地区的地理信息，归纳其地理特征［测量目标（3）］

① 雷新勇．大规模教育考试：命题与评价［M］．上海：华东师范大学出版社，2007：121．

其次，根据课程标准列出地理考试的内容领域以及每一个内容领域的行为特征。下面以“地球与地图——地图”“世界地理——气候”和“中国地理——经济与文化”三个部分的部分内容为例进行说明（表7)。

表7 地理学科部分内容领域和行为特征

内容领域			行为特征
地球与地图	地图		·运用地图辨别方向、量算距离、估算海拔与相对高度 ·识别等高线地形图上的山峰、山脊、山谷等 ·在地形图上识别五种主要的地形类型 ·根据需要选择常用地图，查找所需要的地理信息 ·知道电子地图、遥感图像等在生产、生活中的用途
世界地理	气候	主要气候类型	·在世界气候分布图上说出主要气候类型的分布地区 ·举例分析纬度位置、海陆分布、地形等对气候的影响 ·举出日常生活中的实例，说明气候对生产和生活的影响
中国地理	经济与文化	经济发展	·运用资料并联系实际，说出我国农业分布概况，并举例说明因地制宜发展农业的必要性 ·运用资料，说出我国工业的地理分布。用实例说明高新技术产业在工业发展中的作用 ·比较不同交通运输方式的特点；运用地图说出我国交通运输网络的大致分布格局
		文化特色	·知道我国民居、服饰、饮食的地方特色，并举例说明自然环境对文化的影响 ·结合有关资料，说明我国地方文化特色对旅游业发展的影响

第三，确定每一个内容领域的行为特征与考试测量的行为目标的对应关系。以地理基础知识的三个测量目标为一维，以举例的三个内容领域为另一维，制作测验内容规范表，将每一个内容领域中与行为目标相应的行为特征填入两个维度交叉的单元格中（表8)。

第四，确定每个测量目标在哪个内容领域采样，采几个样，即确定每个单元格内的试题数。表8中每个单元格内部每个行为特征后括号内的数字即为在该内容领域和该行为目标下的试题数以及相应的题型。

作为一个完整的步骤，出于实际的使用要求和内容规范表的质量要求，还应该对已编制出的材料进行检查，确保所制作的规范表能尽可能地减少错误和误差。

主要可以考虑以下几个方面：规范表是否包含了考试设计中所有的测量

目标和行为目标？规范表是否包含了考试设计中所有的内容领域？每一个内容领域的行为特征是否都表示了出来？每一个内容领域的行为特征与测量的行为目标是否都一致？每一个单元格内是否都确定了试题数目和题型？每一个单元格内的试题数目与课程标准中相应内容领域的权重是否大体一致？试题数量的分布与考试要做的推论（考试的测量目标）是否一致？从总体上看，规范表的试题数量分布是否会对学校教学产生不利影响？当然，假如能够将所编制的测验内容规范表交给相关评价领域的专家或课程专家以及中小学有经验的教师，采用德尔菲方法以专家判断的方式进行核查，那将更能保证规范表的质量。

表8　虚拟的地理测验内容规范表(针对部分内容)

内容领域			测量目标（1）	测量目标（2）	测量目标（3）
地球与地图	地图		·运用地图辨别方向、量算距离、估算海拔与相对高度（1道多项选择题） ·识别等高线地形图上的山峰、山脊、山谷等 ·在地形图上识别五种主要的地形类型 ·根据需要选择常用地图，查找所需要的地理信息 ·知道电子地图、遥感图像等在生产、生活中的用途（1道多项选择题）		
世界地理	气候	主要气候类型	·在世界气候分布图上说出主要气候类型的分布地区 （1道多项选择题）	·举例分析纬度位置、海陆分布、地形等对气候的影响（1道多项选择题） ·举出日常生活中的实例，说明气候对生产和生活的影响（1道简答题）	

续表

内容领域			测量目标（1）	测量目标（2）	测量目标（3）
中国地理	经济与文化	经济发展		• 运用资料并联系实际，说出我国农业分布概况，并举例说明因地制宜发展农业的必要性（1道填空题）	• 运用资料，说出我国工业的地理分布。用实例说明高新技术产业在工业发展中的作用（1道简答题） • 运用地图说出我国交通运输网络的大致分布格局（1道多项选择题）
		文化特色		• 知道我国民居、服饰、饮食的地方特色，并举例说明自然环境对文化的影响（1道简答题） • 结合有关资料，说明我国地方文化特色对旅游业发展的影响（1道简答题）	

三、试题规范与取样方法要求

（一）试题规范的内容与要求

试题规范是将测验内容规范表中确定的行为目标和内容领域的命题要求具体化、规范化。它也代表了考试机构对命题教师的正式的、系统的要求。尤其是在大规模教育考试中，需要由多个命题人员协作共同命制较多的试题时，试题规范特别有用。它可以保证试题测量的行为目标的一致性，保证试题与测验内容规范要采样的内容领域相关，保证每个命题教师编写的试题与他人准备的试题既相容，又不重复。试题规范包括两方面的内容：一是各种题型的特点与选用；二是试题规范表的设计。

1. 试题类型与选用

题型对测验来说十分重要，它解决的是用什么来评价的问题。不同的题型对某一特定的课程内容或者测量目标，会产生不同的结果或分数。那么题型具体有哪些类型？在我国大规模的考试或测验中常用的题型有：多项选择题、填空题、是非题、匹配连线题、简答题、解释题、材料分析题、论述题和作文题等类型。习惯上又将选择题、填空题、是非题等叫做客观题，把简答题、论述题和作文题等叫做主观题。在国外，也有诸如多项选择题（multiple choice）、选择性反应题（selected response）、拓展性/建构题（extended/constructed response）、开放题（open-ended response）等题型，大致上也可以分为主观题和客观题两种。本文关注的不是题型的分类而是各种题型的使用场合。

关于题型的研究，国外的相关成果较多。马丁内兹（Martinez M. E.）指出：从认知特征、试题和考试的特征以及考试的经济性来看，每种题型都有其优势，有其缺点，任何一种题型都不能完成所有的教育测量目标。因此，考试应该采用多种题型，发挥每种题型的优势。[①] 斯蒂金斯（Stiggins R.）研究了不同的学业目标与评价方式之间的组合情况（表 9）。[②] 哈莱蒂娜（Haladyna T. M.）认为，如果两种题型的测量结果有很强的类似性，选择测量效率高的题型是合理的，一般来说选择题的效率更高；如果两种题型的测量结果类似性较低，应该考虑试题在认知过程、内容等方面与测量目标的一致程度，通常选择一致性程度较高的题型，主要是建构性题型。[③] 凯瑟林（Kathleen B.）等研究了多项选择题、开放性问题、建构性反应题、表现性任务和实验设计型问题在科学课程评价中的用途，认为它们各自有自己的使用场合，在正常评价中都是不可缺少的。[④] 林与诺曼（Linn R. L. & Norman E. G.）等概括了选择型和建构型两类试题的功能差异和特点，按照测量的学习成果、命题的准备、内容领域样本、对学生应答的控制、评分、对学习内容的影响和信度等方面对这两类试题的情况进行了对比，对我们的题型

① Martinez, M. E. Cognition and the question of test item format [J]. Educational Psychologist, 1999 (34): 207-218.

② Richard J. Stiggins. 促进学习的学生参与式课堂评价 [M]. 促进教师专业发展与学生成长的评价研究项目组，译. 北京：中国轻工业出版社，2005：77.

③ Thomas M. Haladyna. How Many Options is Enough for a Multiple-Choice Test Item [J]. Educational and Psychological Measurement, 1998; 58 (4): 605 - 611.

④ Kathleen B., Comfort, Mark Wilson. Research in Standards-based Science Assessment. WestEd, San Francisco, CA, 2005.

选择同样具有参考价值。①

表 9　学业目标和评价方式的组合

评价目标	选择性反应	论述式反应	表现性评价	交流式评价
知识和观点	选择题、判断题、匹配题和填空题	可以测量学生对各个知识点之间的关系的理解	不适用于评价这种学业目标	可以提问，掌握回答情况，但是很费时间
推理能力	可以评价某些形式的应用	对复杂问题解决的书面描述，可以考察推理能力	可以观察学生解决某些问题或者通过成果推断学生的推理能力	可以要求学生出声思考，或者通过讨论来评价学生的推理能力
表现性技能	可以评价对表现性技能的理解，但不能评价技能本身	可以评价对表现性技能的理解，但不能评价技能本身	可以观察和评估这些技能	非常适合于评价口头讲演能力，还可以评价学生对表现性技能的基础知识的掌握
产生成果的能力	只能评价对创造高质量产品的能力的认识和理解	可以评价对产品创造的背景知识的掌握情况，简短的论文可以评价写作能力	可以评价创造产品的步骤是否清楚和产品本身的特性	可以评价程序性知识和关于合格作品标准的知识，但是不能评价作品的质量
情感倾向	可以探测学生的情感情绪	开放式问卷可以探测学生的情绪情感	可以根据行为和产品推断学生的情感倾向	可以跟学生交流，了解他们的情绪情感

其实，综观以上的那些研究成果，对题型的分类并不是最终的研究目的，而是要考虑根据课程标准、学业目标、测量目标等选择合适的题型。考

① Robert L. Linn & Norman E. Gronlund . Measurement and Assessment in teaching [M]. Prentice-Hall, Inc, 2000: 68.

虑我们的学业成就评价主要是大规模的测验，在题型上主要还是选择选择题、填空题、建构性反应题和作文题等适合于纸笔测验的题型。题型的选择主要考虑以下三方面内容：

（1）题型的选择要考虑试题的测量目标、行为目标，涉及的内容领域及其条件，也就是题目要与课程标准要求的内容相匹配；

（2）题型的选择要保证能达到预期的考试结果，必须考虑到不同题型的比例问题；

（3）题目的编制越简单、成本和时间耗费越少，就越宜采用。

2. 试题的编制规范

试题题型的选择应该来说还是一个比较简单的问题。在测验编制中，尤其是在大规模的测验编制中需要很多专业人员来命题，这就涉及如何判断这么多人所命制的题目是否一致，是否与我们的课程标准要求对应，能否保证大家共同协作等问题。这需要我们为试题的编制提供一个具体化、规范化的文本供大家参考使用，这就是试题编制规范的意义所在。那么，试题编制规范必然应该包括哪些内容？这并不绝对，但主要的内容还是相对一致的。

例如，美国华盛顿州的三年级数学命题细则包括如下内容：先是明确罗列出必需的学习目标——数学概念和过程，包括数感、测量、几何、概率和统计以及代数；四个基本的过程，包括问题解决、逻辑推理、理解交流和联系。然后说明整体的命题考虑，对试题的背景材料、选择题、简答题和评分规则作出规定。接下来，按照具体的学习目标下的内容领域和标准，说明具体的命题要求。比如，在测量学习目标下的单位与度量衡领域中，对应的标准分别是 1.2.2 和 1.2.3，题型为选择题和简答题，同时还有题干的背景等要求、试题的具体编写要求等内容。①

一般来说，试题编制规范包括这么几个方面的内容：考试或测验的测量目标和行为目标、内容领域、选择的题型、题目表述的要求、正确的回答和样题。当然这也不绝对，可以根据具体学科进行相应调整。我们以地理学科的一部分内容为例进行说明，这样更明了易懂（详见表 10）。

表 10　地理知识试题编制规范样例

测量目标：地理知识
行为目标：对地理基本概念、基本原理和基本规律的理解
内容领域：天体系统。考生应该理解地球上发生的事件与地球、月亮、太阳以及其他天体运动的关系

① Washington Commission on Student Learning, Item Specifications for the Washington Assessment of Student Learning Grade 3 Mathematics [R]. 2004.

续表

题型：选择题、简答题 试题表述：材料应该选择考生都比较熟悉的地理现象。试题可以采用反映天体的性质的图表、图片、简图等 应答特点：应答可以是文字、图表等 选择题样题： 早期的宇宙学家们认为地球是宇宙的中心，所有的天体都围绕地球旋转。哥白尼和其他的宇宙学家们提出证据证明：地球在椭圆形轨道上绕太阳旋转。下列哪种地球特征看起来是太阳自东向西绕地球旋转？ A. 地球的自转 B. 地球的自转轴倾斜 C. 地球的球形形状 D. 地球绕太阳的轨道 简答题样题： 地球表层存在各种各样的生物。地球的很多因素综合在一起，造就了地球上生命的多样性。月亮与地球到太阳的距离相差不大。为什么月亮不能像地球一样产生出纷繁复杂的生命系统？ 正确应答： 生命的产生需要能量，需要化合物不断由简单形式向复杂形式的转变。月亮上没有大气，无法保存来自太阳的能量。月亮没有大气，因而月亮上不能发生自然状态的能量循环，也不能发生物质的循环，如水循环、碳循环、氮循环等，这样就不能使化合物从简单形式向复杂形式转变，因此也无法产生生命

（二）试题的矩阵取样技术

在分析课程标准和命题规范时，我们可以发现单就一门学科来说，根据课程标准命题，题目的数量是很庞大的，题型的种类也很多。那么如何保证既能减少正式测验时的题目数量（学业成就测验只能考察课程内容中一小部分），又能够准确地得到期望的测验结果，这就要用到试题的取样技术。下面主要介绍一种在国际上采用较多、相对比较成熟的矩阵取样技术。

1. 试题的矩阵取样技术的现实应用

试题的矩阵取样技术在 20 世纪 60 年代开始出现以来，目前在国际上应用比较广泛。下面简单介绍一些实际应用的例子。

在美国，包括肯塔基州、缅因州、马里兰州、马萨诸塞州、俄勒冈州、宾夕法尼亚州和怀俄明州在内的一些州，已经在他们的考试项目中开始使用部分矩阵取样的方法。例如，在 1994～1995 学年，肯塔基教学结果信息系统（Kentucky Instructional Results Information System，简称 KIRIS）对四，八年级和十一年级的学生进行 6 个学科领域的评价，这 6 个学科领域是：阅读、数学、科学、社会科学、艺术和人文、生活实践/职业教育。为了更有针对性地在每一个学科领域进行取样，阅读、数学、科学和社会科学每个领域的评价包括了 29 道试题（四年级）或是 30 道（八年级）试题，艺术和人文、生活实践/职业教育每个领域的评价包括了 24 道试题。这些开放的试题每道题目需要 10 分钟的答题时间，所以每一个学生完成每个学科领域的所有试题需要 4～5个小时。每个学生大概需要 28 个小时来完成所有 6 个学科领域的考试。

为了将每个学科的考试时间限制为 90 分钟（无法在 90 分钟内完成考试的学生可以提供附加时间），部分矩阵取样得到运用。在阅读、数学、科学和社会科学学科中，每个学科领域有 5 或 6 道题目作为共同考试试题，其余各种形式的试题都进行分组（在艺术和人文、生活实践/职业教育学科中，所有试题都进行矩阵取样）。以八年级数学考试为例，6 道题目作为共同题目，要求每一位学生回答。其余的 24 题（总共 30 题，覆盖了学科领域）分成两组。每一套考试题包括了 6 道共同题目，和另外矩阵取样的两组题中的任意一组。①

1999 年，马塞诸塞州综合评价系统（Massachusetts Comprehensive Assessment System，简称 MCAS）使用了这一简单的考试设计。MCAS 中几乎 80％的题目是共同题目，其余 20％的题目是矩阵取样的。② KIRIS 和 MCAS 都以共同试题作为学生得分的依据。怀俄明州综合评价系统（Wyoming Comprehensive Assessment System，简称 WCAS）虽然也使用这一考试设计，但其学生得分以共同试题和取样试题两部分为依据。

美国国家教育进展评估也使用矩阵取样设计。它将试题分为几个组块，这些组块将在考卷中进行合并，使每个组块在一份考卷中只与其他每个试题组块配对一次。这种设计减少了学生个体的考试负担，同时也可以对大批量的学生进行有效的评估，尤其是在国家或州的层面。美国国家教育进展评估之所以能使用矩阵取样技术，一个重要的原因是它不需要对学生个人成绩进行报告。

同样的，荷兰全国评价计划（Dutch National Assessment Program，简称 DNAP）已经使用矩阵取样设计，开发了大量的试题，并分组对荷兰小学生进行取样，样本学生每人都进行一组取样题目的考试。和 NAEP 一样，DNAP 只生成总体的成绩结果。③

---

① Kentucky Department of Education. KIRIS accountability cycle 2 technical manual [R]. Frankfurt, KY, 1997: Author.

② Massachusetts Department of Education. The Massachusetts Comprehensive Assessment System: 1999 MCAS technical report [R]. Malden, MA, 2000: Author.

③ Popham, W. J. Circumventing the high costs of authentic assessment [J]. Phi Delta Kappan, 1993 (7): 470-473.

2. 试题的矩阵取样的含义

以一次对某省所有七年级学生科学知识和技能的考试为例，来说明采用矩阵取样的必要性。基于考试结果，学生对课程掌握情况的个人报告将提供给教师和家长。考试的总结性报告将提供给学校和学区，以便他们评估相应的课程教学。教师将回顾相关的课程文件，对七年级学生需要知道和需要做的一系列事情进行汇编。测验编制团队开始开发考试题目。其中大部分题目要求学生自己建构答案和论证其正确性，只有小部分是多项选择题。在开发和检验大量试题后，开始组合试卷。试测显示，每一道论述题学生需要大约10 分钟来完成，每一道多项选择题平均需要 2 分钟的答题时间。教师们共同设计考试，在科学课程所有领域中进行题目汇总，共有 32 道建构性反应题和 16 道多项选择题。如果时间估计准确，这门课程的考试将需要近 6 个小时。七年级学生还要参加其他学科的考试，所以总共的考试时间将是 6 小时的几倍。(注意，这些数字都是虚拟的，现实中并不这样，这里的虚拟是为了分析的方便、易懂。)

6 个小时显然太长，应尽量缩减过长的考试时间，比如将考试时间减少到两个小时，包括指导语的时间。但是题目编制者可能会认为，减少试题数量的考试不能有效地涵盖课程的所有领域。因为题量大大减少，课程的整体方面将会被忽略；而教师和学生也许会得出这样的结论：考试中不考的内容是不重要的。对此，你可能会考虑用更多的多项选择题来代替建构性反应题。一个几乎全部是多项选择题的考试能在比较短的时间里覆盖更多的课程内容，但是，多项选择题能否真正测试出学生理解的深度和运用知识的技能值得怀疑，因为这样的考试也许能覆盖更多的课程领域，但却是表面化的。

一个覆盖广泛课程领域又减少每个学生考试时间的方法是进行试题的矩阵取样。矩阵取样包括开发一套完整的试题，用来判断对课程领域的覆盖程度，然后将题目分成几个子集，并分配给每一个学生一个子集的题目。它通过限制每个学生分配到的题目数量，来限制考试所需的时间，并仍然能保证学生所分配到的题目在内容上的广覆盖率。

关于试题的矩阵取样，博峰（Popham W. J.）认为矩阵取样不能仅仅是描述题目的取样，它有可能是学生的取样。选择一部分学生参加考试，仅对其中的一些试题做出回答。当然，试题和学生能都矩阵取样，这种方法被博峰称为真矩阵取样。[①] 在实际考试中，大部分考试要求所有学生参加。因此，本研究将仅仅聚焦于试题的取样。

以上述的科学考试来举例，可以将 32 道建构性反应题和 16 道多项选择

---

① Popham, W. J. Circumventing the high costs of authentic assessment [J]. Phi Delta Kappan, 1993 (7): 470－473.

题分成 4 套，每套有 8 道建构性反应题和 4 道多项选择题。每一位学生随机拿到其中的一套题目。按照这个方法，考试时间应该少于两个小时，四套题目合理地覆盖了课程的所有领域。当然，所付出的代价是需要额外的工作来进行全体学生考试结果的比较，向公众解释考试结果也比较困难。但是，在学校、学区、省的层面进行考试结果的集中将以覆盖课程所有领域的四套试题为基础。表 11 和表 12 示意的就是所有学生进行相同试题的考试。表 13 示意的是矩阵取样考试的设计。

矩阵取样的变化可以帮助解决所有学生考试结果的比较问题。这一变化有时被称为部分矩阵取样。在开发一套能合理覆盖课程领域的试题后，其中一部分是所有学生都需要参加的共同试题。余下的试题将进行矩阵取样。每一个学生将进行这样一种包括了共同试题和部分矩阵取样试题两部分试题的考试。其中，共同试题能提高学生成绩结果的可比性；矩阵取样部分能扩大每一次考试的内容覆盖面。还是以上述的科学考试为例，可以将 4 道建构性反应题作为共同题目，将剩下的 28 道建构性反应题分成 7 组，每组有 4 道题目。同样，多项选择题也有两道作为共同题目，剩下的题目分为 7 组，每组两道。图 4 示意的就是这一种设计。

表 11　选择 1-向所有学生施测所有题目

学生	建构性反应题 (N 题数 = 32)	多项选择题 (N 题数 = 16)
1	×××××××××××××××× ××××××××××××××××	××××××××××××××××
2	×××××××××××××××× ××××××××××××××××	××××××××××××××××
……		

表 12　选择 2-选出同样的试题向所有的学生施测

学生	建构性反应题 (N 题数 = 8)	多项选择题 (N 题数 =4)
1	××××××××	××××
2	××××××××	××××
……		

表 13　选择 3- 一种矩阵取样设计

学生	建构性反应题（N 题数 = 32）				多项选择题（N 题数 = 16）			
	Set 1	Set 2	Set 3	Set 4	Set 1	Set 2	Set 3	Set 4
1	×××× ××××				××××			
2		×××× ××××				××××		
3			×××× ××××				××××	
4				×××× ××××				××××
……								

表 14　选择 4-部分矩阵取样设计

学生	建构性反应题（N 题数 = 32）								多项选择题（N 题数= 16）							
		部分抽样								部分抽样						
	共同题目	1	2	3	4	5	6	7	共同题目	1	2	3	4	5	6	7
1	××××	×× ××							××	××						
2	××××		×× ××						××		××					
3	××××			×× ××					××			××				
4	××××				×× ××				××				××			
5	××××					×× ××			××					××		
6	××××						×× ××		××						××	
7	××××							×× ××	××							××
……																

(三) 试题的矩阵取样成本分析

我们在决定考试项目设计时，必须先注意到两个问题：内容范围和考试时间。其余的考虑包括试卷印刷和评分，以及学生、团体得分的准确性。矩阵取样同样需要考虑各种限制或者说成本，Childs & Andrew 认为需要考虑以下九项成本。①

开发成本：耗费在新试题开发中的时间和资金（撰写、编辑、检查、预测和试验）；资料成本：耗费在印刷和运输考卷和其他资料上的时间和资金；实施成本：教师和学校人员在实施考试中耗费的时间；教育成本：学生准备和参加考试的时间，由考试引起的教师课堂练习和课程范围的变化，考试引起的学校资源分配的变化；评分成本：考试评分耗费的时间和资金，既包括电子评分，也包括受训评分人的评分；信度成本：考试分数准确性和一致性的变化；可比性成本：不同学生的考试分数可以进行比较的程度变化；效度成本：考试分数反应考试测量目标的构成程度的变化；报告成本：考试得分能容易地向教师、家长和大众解释的程度变化。

在我们的经验中，这些成本是考试项目普遍需要考虑的（虽然不是每种考试项目都考虑每项成本），当然，也有可能还有以上未列的其他成本。

但在实际的考试设计中，由于资源有限，我们需要将不同的成本结合在一起考虑，原因有二。第一，成本的种类和投入程度是不同的，但各种成本之间却是有着内在联系的。控制一个方面成本的支出，往往就意味着在另一个领域扩大投入。举例来说，减少试题的开发量可以降低开发成本，但同时也降低了效度，这一损失不容忽视。第二，各种成本并不是具有完全相同的重要性。有时一些耗费与其他耗费相比会更容易接受。举例来说，如果考试的风险很高，那么考试的信度就是非常重要的，其余考试成本都是为信度这一目标服务的。如果我们需要获得学生和学校层面的考试分数，那么将必须考虑考试设计的选择。成本的种类应该联系它们的内部关联性和相对重要性来进行考虑。为了说明这些成本如何影响考试项目，下面将以上文提到的科学考试设计的四种选择为例进行分析说明，并提出最可行的设计方案。

四种选择的成本总结：选择 1 中，所有的试题分配给所有的学生，其主要的缺点在于考试时间过长，大概需要 6 小时。选择 1 要求每一个学生的试

---

① Childs, Ruth A. & Andrew P. Jaciw . Matrix sampling of items in large－scale assessments [J]. Practical Assessment, Research & Evaluation, 2003 (8): 16.

题都要进行评分，这大大提高了评分成本。但是，选择 1 也有优点：(1) 每个学生的考题数量越大，学生分数的信度就越高，覆盖课程的领域也越广；(2) 这一设计非常容易解释。

选择 2 中，同样的试题相同地分配给所有学生，使开发成本、资料成本和评分成本最低。另外，实施考试的时间不超过两个小时，这一点比选择 1 有优势。但是，学生分数的信度较低和覆盖课程的领域较小。和选择 1 一样，选择 2 也非常容易解释。

选择 3 是完全矩阵取样。在选择 3 的考试中，每个学生都会收到四套不重复试题中的一套。这种设计需要和选择 1 一样的开发成本，但资料和实施成本要比选择 1 花费得多。这种设计具备较短的考试时间和较广的课程领域覆盖面两项优点。学生分数的信度和效度与选择 2 相似，其中学校层面的分数信度更好一些，但学生分数的可比性差一些。另外，选择 3 比选择 1 和选择 2 解释起来要复杂些。

选择 4 是部分取样考试。在选择 4 的考试中，每个学生都会进行一部分相同试题的考试和一部分矩阵取样试题的考试。选择 4 需要和选择 1 一样的开发成本，但其实施成本要高一些，其资料成本是四种选择中最高的（因为需要多个版本的试卷）。但是，选择 4 比选择 1 的考试时间要短，其课程领域覆盖面在学校层面上和选择 1 一样。其他优点和缺点与选择 3 一样，但学生分数的可比性略微有所提高。

如果考试项目要在学生和学校两个层面进行分数报告，部分矩阵取样的试题设计方法也许是一个可行的方法。如果进一步考虑的话，选择 1 虽然原则上是最佳的，但是实施整个考试耗费的时间太长，在实践中不可行。选择 2 运用小题量试题，容易导致学生和学校层面上分数效度的严重受损。选择 3 是完全矩阵取样，它在确定学校层面的分数上是最佳选择，但在学生层面的分数上却不是。选择 4 是部分矩阵取样，可以在学生层面和学校层面进行分数的报告。显然，这一设计的成本也很多，但是总体而言，它是可行且有效的。

对于减少每一个学生的试题量的设计（如选择 2，3，4），是否能在学生层面上形成充分有效的信息报告，子分数成为关注的问题。因此，高以及沙维尔森等（Gao，X.，Shavelson，R. J. et al.）的研究指出，每个学生应至少回答 9 或 10 道表现性题目，以防止个人与试题相互作用产生的较大影响。为了获得更为可信的子分数，甚至需要实施更大试题量的考试。但由于考试时间的有限，无法通过充足试题量的考试来获得学生层面的子分数。部分矩阵取样能较好地解决这一问题。它完善了完全矩阵取样的设计，因为它提供了更具可比性的学生分数，同时在学校层面具有足够的取样。但需注意的是，完全矩阵取样的试题在学校中比部分矩阵取样的试题更为常用。学校规模的差别也会影响学校层面子分数的信度。①

① Gao, X., Shavelson, R. J. & Baxter, G. P. Generalizability of large－scale performance assessments in science: Promises and problems [J]. Applied Measurement in Education, 1994 (7): 323－342.

第九章

评价的组织实施与报告

好的测验编制固然是获得好的测验结果的前提，然而，测验本身只是学业成就评价的一个工具，它的功能的发挥主要还在于我们怎么运用。本章主要讨论两个问题，第一，如何建设专业的评价机构和人员队伍，各评价机构和人员之间如何分工？第二，怎样才能使评价的信息促进学生的学习，即怎样的评价结果处理和反馈是易懂、快捷、方便的，而且对各个不同的需求对象来说都能产生积极的作用？

在写作逻辑上，本来这一章应该分成两章来写，出于叙述的方便，本研究把它作为一章来处理，主要讨论评价机构的建立及其评价的实施、报告等问题。

一、基于课程标准的学业成就评价的机构与实施

建立专门的评价机构以及联合专业的中介评价机构来保证学业成就评价实施的质量，是国际上通行的做法。这也在一定程度上，为我国基于课程标准的学业成就评价实施提供了借鉴。

（一）评价机构设立与实施的国际经验

在美国，早在1969年国家教育统计中心就设置了专门机构（NAEP），以评价四、八、十二年级学生在阅读、数学、科学、写作等领域的学业成就和学习能力，据此客观地分析与描述美国学生的学习状况；2001年，布什政府提出提高教育质量的核心目标——“不让一个孩子掉队”，通过联邦立法来实施基于结果的问责，将决策的去集权化（教学的专业化和实地为本的学校管理）与基于结果的问责报告结合起来。加强基于课程标准的教育质量监测就是其中的一个重要举措，联邦和州扮演了教育质量“监护人”的角色。①

在英国，1988年《教育改革法》颁布后，英国政府采取了一系列措施来监控教育质量，如对7、11、14岁的学生进行定期测试，并将结果告知家长；政府每四年对学校进行一次教学质量监督评估，并将结果向社会公布；1997年成立了“课程与资格局”（QCA），负责制定国家课程和各种教育证书标准，组织统一的教学水平检测。QCA对义务教育阶段实施的统考安排，目的在于检查学校的教学质量和国家课程的实施情况；统考成绩公开发布，并按成绩的高低对英国的所有学校进行排队。

在韩国，1998年成立了课程与评价研究所，其中一项重要的任务就是对义务教育的质量进行监测，着重对六、九、十年级学生的韩语、数学、社会、科学和英语进行学习质量评估。②

在德国，过去一直没有全国考试，也很少有州一级的考试，但为使德国的教育系统与其他欧共体学校系统更为一致，2003年2月，联邦教育与研究部（EMBF）、各州文化部长常设会议（KMK）共同举行会议，讨论了发展“国家教育标准”的相关问题，联邦教育与研究部部长布尔曼女士提出了制

---

① Eckstein, M. A. and Noah, H. J. Examinations: Comparative and International Studies [M]. Pergamon Press, 1992: 137

② 王少非. 国家的学业成就评价责任：别国的经验 [J]. 当代教育科学，2007 (9)：13-16.

定“国家教育标准”、成立“国家教育评估机构”以及定期发表“国家教育报告”等多项建议。①

瑞典政府设立了国家教育局（National Agency of Education，简称NAE）来建立一个综合的全国性评估系统，目的首先在于向中央政府提供关于国家目标达成和优先权方面的信息，其次是向地方当局提供信息，并支持学校的改善。瑞典的全国评价系统允许地方在全国性的框架中解释和行动。该系统界定了中央和地方政府在评价中各自的角色：中央政府负责处理地方政府提供的学生成绩表现信息，设定学业评价框架，向地方当局提供有效的信息；地方政府对本地的学生学业成就负责。②

由于基于课程标准的学业成就评价是一项具有高度专业性的工作，偏重于行政领导的政府机构很难独力操作，因而很多国家将学业成就评价的具体工作置于政府之外。测验的开发、实施、评分和报告等技术性事务性工作通常由一些商业性组织、非盈利组织或政府机构中的公司化的实体等高度专业性的中介机构来承担，国家并不直接承担教育质量监测的具体操作，只在更高层面实施监管。在当前运用考试项目的经合组织（OECD）国家中，有3/4的国家将评估项目交由这样的非政府的专业中介操作。③ 英国的众多的专业中介机构，如牛津、剑桥考试局这样的教育证书考试机构，和杜伦大学课程、评价与管理中心（Curriculum Evaluation and Management Center，简称CEMC）这样的服务机构，在质量监控中起着不可替代的作用。④ 当前美国尽管没有统一的国家考试，但为许多州所采用的、实际上起着统一考试作用的SAT（the Scholastic Aptitude Testing）和ACT（the American College Testing），就是由非政府组织开发并实施的。此外，美国非政府组织在标准的设定和公布、州一级考试的开发和实施中也扮演着十分重要的角色。这样一种中介机构通常是独立的研究机构，它通过承接政府的合同，承担教育质量监测的实际的技术性工作，包括实施监测、提供分析报告、为政府提供评估服务。而中央政府则为全国性评估购买这些非政府机构的服务，并对其监测工作的实施进行监督。

本研究重点以美国为例，分析美国是如何实施基于课程标准的学业成就评价的。

---

① 周丽华．德国基础教育的改革理念与行动策略——解读德国教育论坛“十二条教改建议”［J］．比较教育研究．2003（12）：6－13．

② Lockheed，M. E. Assessment and management：World Bank support for educational testing ［J］// Little，A. and Wolf，A. Assessment in transition，Elsevier Science Ltd. 1996：125

③ 同②．

④ 高凌飚．课程与教学质量监控——英国的经验对我们的启示［J］．教育研究，2004（8）：37－43．

1. NAEP的实施

NAEP在试题编制完成后，主要有以下几个实施步骤。

编订评估手册。NAEP的评估项目包含成百上千的题目。然而，不是每个参与NAEP的学生都要完成NAEP的所有题目。NAEP的测验题目被分成不同的组，并打包成不同的小册子。每个学生只需完成一份小册子中的题目，这些题目大约占总题量的10%～20%。将小册子分散开来，这样同一所学校中只有很小部分的学生做的是同一小册子中的题目。小册子的发放是完全随机的。

NAEP的测验题目中有多选题，也有开放式问题。开放式问题要求学生自主作答。学生既可以只言片语，也可长篇大论，甚至可以比写作考试中写得更长。在每次评估之后，会有25%以上的测验题目被公开作为样题并附有评分标准和学生作答的样本。

取样。NAEP选择了足够大的样本以保证评估结果的信度、效度。各州和各个行政区接受I号基金学校的四年级和八年级学生如果被选中的话都要求参与两年一次的NAEP阅读和数学评估。而其他的学校都是志愿参与评估的。对于全国评估而言，在没有州评估的年份中，NAEP会选择公立和私立学校学生的随机样本代表全美的多样性学生总体。选择参与评估的学校和学生的数量会随科目的不同而有所不同。在组织一个全国评估时，每个科目通常需要每个年级6000～10000个学生样本。全国学生样本的获得通过两阶段分层取样设计：首先根据地理位置对学校进行分类，然后根据少数民族入学的水平进行分类。在每个基于地理位置与入学分类的类别中，按照事先确定好的比例进行随机取样，最后获得参与评估的学生样本。

实施评估。NAEP的实施从1月下旬开始持续到3月中旬。训练有素的NAEP实施成员与学校协作实施评估，对整个过程进行管理。学校需指派一名校方协调者帮助NAEP工作人员进行校内的安排。每个州也都有联邦基金资助的州协调员与参与的学校一起工作。每个参与NAEP评估的学生的作答时间是1小时。在完成每个测验手册中两个各需25分钟的测验后，学生还需完成两个各需5分钟左右的背景调查。其内容主要涉及与成绩特别是所评定科目的成绩相关的学校和家庭经历。学生可以跳过任何她/他们不想回答的题目，不过这种不参与和不回答会大大减少NAEP能提供的有用信息。

评分。NAEP的测验题目中既有多选题又有开放式问题。多选题使用光电阅读器评分，开放式问题由经过培训的评分者依据评分指南进行评分。为了确保评分的可靠性和一致性，NAEP制定了详细的评分指南，对有经验的评分者进行训练，并通过有资格的评分者对其他评分者的能力进行双重检验，对每个评分者评定的质量与一致性进行监控与评价。每个开放式问题有各自的评分指南和评定标准。扩展的开放式问题有4～5个水平的评分指南。

2. 州级层面评价的实施

美国州级层面的评价实施程序和NAEP差不多，这里不再赘述。在考试科目上，数学和英语（以阅读为主）几乎每州都考，但不一定每个年级都考。部分州还考历史（或称社会常识）和科学。有少数州在高年级有更具体的科目的考试，如将科学再具体分为物理、化学、生物、地理等。考试的日期具有弹性，大部分州的考试安排在3～5月之间。在考试报名方面，学校或学区集体报名。通常，学区或学校直接向专业考试机构提供学生资料，专业考试机构将学生资料制成条形码，与考卷一并寄回学校。学校将条形码贴在考卷上，然后开考。在美国，测验的制作和实施是一项系统工程，需要一支强大的专业队伍来完成。各州教育部门都不是自己单独制作考卷，而是通过公开招标、签订合同把考试的具体工作外包给专业考试机构。专业考试机构根据各州的要求量身定作，并在考试具体实施的过程中提供专业服务。

（二）我国基于课程标准的学业成就评价机构和实施的设计

当前我国正在筹建中的国家教育质量监测体系值得我们关注，其设计思路——中央政府、地方政府、专业机构各负其责，使监测专业化——对基于课程标准的学业成就评价实施富有启示。有研究者认为，“像原来高考那样由政府操作显然具有合法性，但专业性难以得到有效的保障。发达国家所采用的国家上位监管，专业中介具体操作的模式应当是我们追求的方向。但政府在国家教育质量监测实施中的作为不能局限于就国家教育质量监测项目进行‘招标’或‘发包’，以及对中介机构的活动的监督。显然，国家教育质量监测是一项需要高投入、高技术、高责任心的专业工作，从事监测工作的中介机构也必须达到高标准。是否达成这一标准，不应当是在招标或发包时加以审定，实际上中介机构进入时就必须获得一定的资质，或者达到某种准入标准。毫无疑问，政府有责任实施这种资质的认定，或准入标准的设定。而在当前专业中介整体发育不良的背景下，采取有效措施，促进评价专业中介的发育，也应当是政府的一项重要责任”。①

就目前来看，我国近年来的教育管理模式改革明显地表现出了去集权化的特点，“校本”和教师专业化理念的兴起，以及三级课程管理体制的确立，赋予地方、学校和教师更大的自主权，这无疑能促进教育的极大改善。但是，如果没有质量保障机制，那么放权就无异于放任。由于管理体制和历史的原因，我国有一些研究学业成就测验的机构（例如在国家层面有国家考试

---

① 王少非. 国家义务教育质量监测：一个模型构想［J］. 教育发展研究，2006，5（A）：5－10.

中心，在地方层面有上海教育考试研究院等），但专业化的测验中介机构并没有出现。再加上在政府层面也没有一个统一的机构负责学业成就评价，因此，如何从国家层面来实施基于课程标准的学业成就评价还是一个难题。

在现实情况下，在教育部设立一个专门的机构来负责基于课程标准的学业成就评价（主要是统一考试）显然不太现实。因为这样的机构很快又会变成行政的附庸，丧失独立性。一种比较可行的办法可能是由教育部负责制定有关基于课程标准的学业成就评价的管理制度和政策，扩大国家考试中心的职能，由国家考试中心来负责统一的基于课程标准的学业成就评价测验的编制、实施和报告。具体来说，主要解决以下问题。

研究要进行学业成就评价的统一的学科、年级段、时间安排等。

建立并完善严格规范的命题制度。要注意到测验与课程标准之间的匹配程度，或者说一致性。测验与课程标准要求之间的一致性程度越高说明测验的质量就越有保证。测验与课程标准之间的匹配是检验基于课程标准的学业成就测验准确和有效的关键，也是试题编制质量检验的重要标准。

建设常设性、专业化的评价队伍。一支质量可靠、高度专业化的评价队伍是命题质量的专业保障。命题专业人员的资格认证是其中最重要的问题，即什么样的人员有资质与能力参与命题。还可以考虑建立专门的命题人才库，在全国范围内备案，这样可以从整体上提升我国命题的专业化水平。目前我国中考与高考的命题组织形式基本还是“应急型”的组织形式，即每次命题前临时召集各类人员集中命题，命题结束后就地解散。这种“飞行集训式”的命题组织形式在大量削减了常设机构与人员的日常经费开支的同时，也给命题质量保障带来了一定隐患。

研究有效交流学业成就评价结果的形式、机制、途径和方法，使得基于课程标准的评价能够满足不同使用者的信息需求。

二、基于课程标准的学业成就评价的信息处理与报告

（一）基于课程标准的学业成就评价的定位

这一部分主要探讨的是：大规模的基于课程标准的学业成就评价应该发挥哪些功能？应该针对哪些不同群体的需要分析和交流学业成就测验的信息？为什么这些信息必须要得到有效的报告？

1. 促进学习与绩效问责

在教育领域中，学业成就测验一直受到心理测量学范式的影响，主张学生接受的测验应该是不受教学影响的，追求绝对客观、科学化的结论。测验与教育教学似乎没什么关系。然而，在教育中学业成就评价的核心就是判断

学生经过特定的教育和教学经历后所达到的状态，我们更希望能够将考试和测验结果与教育实践结合起来，为教和学提供帮助。

如同查普斯（Stephen Chappuis）等指出的："自 20 世纪中叶开始，美国的教育界就标准化测验的作用及效果一直没有达成共识。具体地说，在评价什么、为何评价、怎样评价及如何使用评价结果来支持学习这些问题上，我们并没有达成一致的看法。截至 2005 年，几乎没有证据表明这六十多年来所使用的标准化测验对教育体系有什么重大的改进作用，这说明了我们在处理评价与教学改进的关系上是失败的。六十多年来我们花费了几十亿的美元用来开发和管理大学升学评价以及社区、州、全国和国际的评价，如此高昂的代价与我们所取得的结果是不相称的。所幸的是，在史无前例'不让一个孩子掉队'法案的驱动下，我们于 2001 年第一次采纳了全国性的学生测验体系。这种行动，特别是伴随惩罚和奖励的问责制的产生，再次表明我们社会对评价抱有的信仰——学习评价更应该是改善教学的工具。"①

评价是指收集关于学生学习信息以便做出教学决策的过程。为使评价有效地运行，当地的评价体系必须获得准确的评价信息，并及时地以可理解的方式传达给所有教学决策者。这样教学决策者就可以运用这些评价信息来支持学生的学习。实质上，在课程标准的驱动下，对学业成就测验的定位除了一般测验意义上的排名、选拔、等级的评定等作用外，体现的是一种评价范式的转变——评价是为了学生的学习（assessment for learning），而不仅仅是对学习进行评价（assessment of learning）。两种测验的目的可以参看下表，从中可以发现两者的区别是十分明显的。

表 1 两种评价的目的②

评价的使用者	为了学习的评价	关于学习的评价
学生	我在不断进步吗 我知道成功的含义吗 下一步我该做什么 我需要什么帮助	我达到了应该达到的水平了吗 我能成功吗 我与同学的排名怎么样 学习值得我们努力吗

① Stephen Chappuis Richard Stiggins Juth Arter and Jan Chappuis. Assessment for learning: an action guide for school leaders [M]. Assessment Training Institute, Poterland, OR, 2005: 27.

② Jan Chappuis, Stephen Chappuis. Uderstanding School Assessment. Assessment Training Institute, Poterland, OR, 2002: 17-18.

续表

评价的使用者	为了学习的评价	关于学习的评价
教师	这个学生需要什么？ 这些学生需要什么？ 学生的优势是什么？ 我的教学太快，太慢，太深奥，还是不够？	我在报告单上打什么等级 哪些学生需要特殊教育 我该告诉家长什么
家长	在家里，可以做些什么来帮助孩子学习？ 我的孩子在学习新东西吗？	我的孩子跟得上进度吗 教师做得好吗 这是一个好学校吗
校长	—	教学有效吗 学生为以后的学习和工作准备好了吗 应该怎样分配教学资源
督学	—	教学能得到预期的结果吗 各个学区的表现怎么样 哪所学校需要额外的资源 为了获得成功应该怎样分配学区的资源
州教育部	—	州范围内的教育有效吗 各个学区的表现怎样 谁在这一年度取得了足够大的进步？谁没有 为了获得成功应该怎样分配学区的教育资源
大众	—	学生能成为富有成效的工作人员和公民吗
评价的理由	为了帮助学生达到更多的标准，不断支持学生成长和进步	为了证明个人或小组的成就水平，在某一特定的时间进行测验或问责

基于课程标准的学业成就评价要促进学生的学习是一种理想的追求，是我们对学生进行测评的指导思想。但是，作为大规模的测验，对学生的学业成就测验更多承担的是绩效问责的职能。课程标准、学业成就测验和绩效问责三者的关系在现实中的含义是：每一学生、学校和学区必须被要求达到学

习的高标准；父母必须被告知子女及他们所上学校的进步情况；学区和州的主管官员必须奖励成功的学校、教师和学生，并在面对失败时有能力和义务去干预和协助。那怎么能够完成上述三项任务呢？答案就是通过对学生施以基于课程标准的学业成就测验（更多的是以标准化测验的形式出现）所获得的结果来判断。

教育绩效问责的意思是展现学生学习的进步情形，让学校内外的人员皆能充分了解，而测验即为展现学生学习表现最直接也是最普遍采用的方式。以美国为例，目前有48个州实施全州性的学业成就测验方案，并以此衡量学生和学校的表现。其余两个州（爱荷华州和内布拉斯加州）要求学区自行在特定的年级或年段进行测验。而在《不让一个孩子掉队》法案“Title i”中更是要求各州至少建立advanced、proficient、partially proficient三个层次的学生测验表现水平，以显示学生对州课程标准的掌握程度。①

再以德克萨斯州绩效责任制为例，德州学术技能评价（Texas assessment of academic skill，简称TAAS）是德州绩效责任制最主要的评价依据。TAAS在每年的春末举行，目的在于了解学生是否具备州教育部制定的课程标准的要求。评价结果不仅用来衡量学校和学生的进步，还要结合学生的家庭社会背景深入分析学业成就的比较情况。具体从学科来说，三至八年级测验阅读和数学；四年级和八年级测验写作，同时八年级还要接受科学和社会研究测验；十年级必须要通过阅读、数学、写作的测验；此外，英语、美国历史、生物与代数等科目还要实施课程结束后的测验。这些测验基本上都是基于标准的测验，测验题目类型包括选择题、建构性反应题。就测验结果而言，70%以上的正确率为通过标准，答对95%以上则达到了成就优秀标准。进而，结合TAAS的通过率等指标来对学校、学生和学区的绩效责任做出认定。②

基于课程标准的学业成就评价要承担的职能事实上除了促进学生学习和问责之外，还会发挥选拔、为正常的升级与留级和毕业等提供参照等作用。然而，这些功能与促进学生学习与问责的功能相比所占的比重较小，因此，本文不具体分析。

2. 满足不同机构与个人的评价信息需求

即要了解如何利用评价来支持学生的学习。我们必须从大处着眼，评价

---

① Elliot E. J，Ysseldyke J. What about assessment and accountability?［J］Teacher Exceptional Children，1998：20－27.

② Consortium for Policy Research in Education . State assessment and accountability systems：50 state profiles［EB/OL］.（2001）［2007－10－24］. http：//www. gse. upenn. edu/cpre/docs/pubs/profiles. html.

或测验结果的使用者是不同身份的人，他们的目的各不相同——要解决的问题各不相同，所需要的信息也各不相同（表 2）。

如果评价是便于教学决策而进行的信息收集过程的话，那么这里就存在一个问题：这些决策是什么？谁做出决策？每次评价的提出和执行都是为了改善学习，只有当我们明确谁需要帮助时，提供的信息才有用。

我们确信不同的人对所需要的信息的形式和要求是不同的。比如课堂教学层面的不同使用者——学生、教师、家长所需要的信息就是不同的。有时，教师利用证据来支持学生个体或小组的学习；有时，出于问责的目的，教师利用这些证据来证实学习的发生。为了促进学生学习，教师需要得到获取学习证据的方法。

同样，除了教学层面的需求外，还有教育政策和教育资源层面的需求。虽然它们的决策不像课堂决策那么频繁，所需要的证据也不像课堂决策所需要的那么精确，但它们会影响到更多的学生。这一层面的信息需求直接与教育问责息息相关。

表 2　不同层面的评价信息需求与运用①

使用者	需回答的关键问题	所需信息
班级层面		
学生	我正在达成教师的学习预期吗？ 我哪些地方需要帮助以便获得成功？ 我如何最好地管理自己的学习？	关于个别学生达成具体的教学要求的持续信息
教师	哪些学生需要什么帮助？ 我的哪些学生应该合作？ 学习报告单上应是什么等级？ 我的教学策略有效吗？	关于个别学生成就的持续信息 团体表现的持续评价
父母	我的孩子在学校成功吗？ 我的孩子需要什么来获得成功？ 孩子的教师是否持续观察和交流孩子的进步？ 学校是否给学生的需要提供支持？	关于学生掌握规定内容的持续反馈信息

① Stiggins R. J. Student－Involved Assessment for Learning［M］. Prentice Hall，NJ：Merril，2005：22－25.

续表

使用者	需回答的关键问题	所需信息
教学支持层面		
正副校长	特定领域的教学有效吗？ 教师的教学是否有效？ 何种专业发展会有帮助？ 为了促进教学我们应怎样提供资源？	团体成就的阶段性评价
学科主任/学科带头人(lead/mentor teacher)	做此项工作的教师需要些什么？	团体成就的阶段性评价
顾问/心理学家	谁需要（能获得）例如补习课程之类的特别支持服务？ 应把学生指派给哪些老师来使结果最优化？	个体成就的阶段性评价
课程引导者	我们的教学计划有效吗？	团体成就的阶段性评价
政策层面		
督学	课程是否引起学生的学习？ 是否每个学校都产生了可接受的结果？ 哪些课程需要/应有更多资源？	团体掌握地方课程的阶段性评价
学校董事会	本地学生是否学习？ 负责人是否起作用？	团体成就的阶段性评价
州教育部	州的课程是否起作用？	团体掌握地方课程的阶段性评价
公民/立法者(州或国家)	各校学生是否在使自己成为有效公民上有所成就？	团体掌握有价值目标上的阶段性评价

（二）测验信息处理与报告的实施设计

我们一直坚信：数据本身不会说话，数据之所以能告诉人们他们能明白的和需要的证据，就在于人们对数据的分析。我们实施的基于课程标准的学业成就测验本身是一种终结性的测验，按照一般的习惯思维，那最后的结果就是每个学生得到多少分，平均分是多少，然后扩大到学校、学区、县、省等层面。这样的信息处理和交流并不能告诉我们关于测验的有效信息，而且还会造成人们的不正确印象——测验就是看看学生分数的高低名次，判断教育质量的高低也是如此。根据对基于课程标准的学业成就测验特征的分析，以及前面对命题的规范分析，其实测验分数背后代表的东西在于——达到了课程标准的要求了吗？哪些达到了，哪些没有？达到要求的程度怎样？

例如，在对《历史与社会》的测验中，如果一个学生的总分是50分，就总体分数而言，重要的不是告诉学生这个分数有多差，而是要告诉学生所得50分在班级、学校、甚至全国所处的位置。要使得分数真正能对学生起到作用，在分析和处理数据设计的时候，可以具体考虑学生在“我们生活中的世界”“我们传承的世界”“我们面对的机遇和挑战”三大领域中的得分情况。在此基础上还可以进一步按照各个领域中的一级目标继续分析如“观察和发现、理解不同地区的自然和人文特征”“体会在现实社会生活中各种制度、规则的意义”“考察社会文化的变迁，了解文明传承的时间和空间联系”等学生的得分情况。根据事先制定的测验蓝图和现有数据统计设计方法完全可以做到。这样，我们就能够告诉人们分数背后真正的东西，从而也能够使得这种终结性的评价尽可能多的促进学生的学习。

另外，我们可以根据学生的背景信息、学科、地区、年级等得出关于学业成就评价信息的总体情况，来满足包括教育质量监测等在内的宏观要求。在前面的基础上我们分成下面几个对象来说明不同的信息处理和报告的设想。

1. 国家教育部和各省教育厅局对信息处理和报告的设想

从职能上说，教育部在测验方面的职能是在现有的各学科课程标准的基础上制定各学段乃至各年级学生学习的表现标准体系；选择检测工具，建立检测题库；确定检测科目；确定样本选择规则，并确定年度检测样本；分析处理全国性检测数据；以省为分析单元发布全国性监测报告；以监测结果为依据提供全国性的决策建议，向各省教育行政部门提供各省的决策建议。相应地，各省市（直辖市、自治区）需要组织落实国家教育质量监测事务。省级机构在测验方面的职责包括：组织落实国家教育质量监测的统一测试；收集本省的原始测试数据，以及其他关于学生学习结果的数据，呈送中央监测机构；根据中央监测机构返还的监测数据，形成省级监测报告，并在本省范围内发布；向省级教育行政部门提供决策建议，并以县为分析单位向各县提供政策调整建议。

因此，这个层面上的测验信息处理和交流的主要工作是：首先，明确规定各学科测验的时间安排、测验的年级、测验的内容规范（各学科考试的蓝图或者内容和试题规范）和成就水平、测验结果报告的时间和方式安排等内容。其次，仔细设计好数据分析的思路：统计测验的总体分数、不同成绩水平的考生数量、学生在不同课程的具体领域中的分数等，接着结合学生的年级、家庭背景、所在学校、省份、性别等背景资料分析考试的数据。最后，采取各种手段将所得数据的处理信息向全社会公布。在这个层面上的信息交流策略是比较简单的，其中的重要原因是国家政府的强势地位决定可以自上而下地将数据通过行政层级下达，可以通过各种媒介向大众公布数据和结果。它所要考虑的主要是数据和结果怎样才能为大众接受和通俗易懂，以及向各级教育部门问责。它所采用的信息交流策略是强力地问责、全面的媒体宣传和通报、各种学术研究的交流。

2. 学校、家庭和学生的信息处理和报告的设想

在这个层面上，主要是对国家或专业机构对学业成就测验的所得信息的利用和发布。报告学生在学校的学习状况是学校的重要职能之一，同时也是一种极为重要、有效的教育手段。然而，我们一些习惯性的做法和思维会产生很大的负面作用，例如，评价的总结取向、狭隘化——长期以来，学校都习惯于在一个学期结束后，给学生每一门课程一个分数，或者给学生一个A/B/C/D/E之类的等级，貌似精确，实则非常模糊。用一个简单的数字或等级给学生下结论，那么家长也只能养成只关注学科成绩的分数，严重妨碍家长对学生在校学习状况的了解，更难有效地配合学校教育。在这样的测验信息交流下，信息交流本应该具有的促进学生发展的价值就被严重地弱化了。

作为学校，关注学生学习是必然的，也是这个层面上测验信息交流的基本要求。学生的学业成就测验结果信息是报告学生学习状况的一个重要指标，虽然它不能全面反映学生学习的整体面貌。报告学生学业成就测验结果的主要目的是通过报告的信息引发学校、教师、学生和家长对学生学习的思考，推动各利益相关人在学生学习上的协调配合，最终促进学生的学习。

对家庭来说，我们的信息交流并不是家长需要什么，学校就应当提供什么。实际上家长对测验信息的需求存在很多非理性的要求——例如对排名和分数的过度关注。在这种情况下，学校需要合理设计对测验信息的报告框架，在为家长提供充分的信息的同时，也向家长提供正确地分析、思考学生学习的框架，引导家长正确关注学生学习并有效配合学校教育工作。当然这并不是说像贴一个标签一样，我们给家长几条建议就万事大吉了。比如，我们都知道香烟包装上有“吸烟有害健康”的标示，但是谁都知道吸烟的人是不会理会它的。

对学生来说，能够对自己的真实学习生活有一个全面的掌握是最好的，但是学业成就测验只能反映其中的一部分信息。学校所能做的就是根据国家和省市层面的数据分析和原始数据，报告学生在课程的各个领域内的表现情况。学生通过学校报告的各种信息了解到自己的学习长处和薄弱环节，给自己一个合适的定位，明确自己今后学习的努力方向，同时向教师和学校提出

相应的学习援助要求。

在这一层面上的信息交流策略主要是学校与家长、学生的双向交流沟通，要求所说的信息的呈现方式尽可能简单易懂并且准确说明具体的学习领域的要求。

(三) 案例：加州 STAR 的信息处理与报告

美国加利福尼亚州（简称加州）标准化测验与报告项目（Standardized Testing and Reporting Program，简称 STAR）是加州教育部在 2007 年以网络的形式开发的对全州、学区和学校报告学生在加州基于课程标准的学业成就。它以加州标准测验（California Standards Tests ，简称 CSTs）和加州替代性表现评价（California Alternate Performance Assessment，简称 CAPA）这两种以州课程内容标准为基础的测验为主体，为了教育的公平，还辅之以加州成就测验（CAT，这是常模参照测验）和以西班牙语印刷的基于标准的测验（STS）。①

1. STAR 项目的信息处理框架

STAR 项目首先是总体规划好各种学业成就测验的内容安排和年级安排，然后制定出各个年级的成绩水平分数线等，思路比较清楚，详见下面的表 3、表 4 和表 5，这里不再花费文字进行描述。

表 3 各个年级的测验类型和学科②

测验和学科	年级									
	2	3	4	5	6	7	8	9	10	11
加州标准测验（CSTs）										
英语	√	√	√	√	√	√	√	√	√	√
数学	√	√	√	√	√	√□	√ *	√ *	√ *	√ *
历史和社会科学							√	√ *	√ *	√ *
科学				√			√	√ *	√ * ◇	√ *
加州替代性表现评价（CAPA）										
英语	√	√	√	√	√	√	√	√	√	√
数学	√	√	√	√	√	√	√	√	√	√

① STAR 项目介绍可以参看加州教育部网址：http：//star. cde. ca. gov.

② The California Department of Education. Explaining 2007 STAR Internet Reports to the Public [R]. 2007.

续表

测验和学科	年级									
	2	3	4	5	6	7	8	9	10	11
加州成就测验第六版（CAT/6 Survey）										
阅读/言语		√				√				
拼写		√				√				
数学		√				√				
以西班牙语印刷的基于标准的测验（STS）										
阅读和语言艺术	√	√	√							
数学	√	√	√							

表4 加州标准测验四年级英语阅读部分考试蓝图①

加州阅读内容标准	试题数	百分比（%）
1.0 单词分析、流畅程度、词汇量的整体发展：学生理解阅读的基本特征，能选择字母顺序并能通过运用语音、语调和词的结构将其转化为书面语言。	18	24
1.1 词汇再认	NA	
1.2 词汇和概念的发展：运用词源、同义词、反义词、成语等来理解词语和短语的含义。	8	
1.3 词汇和概念的发展：利用词根来猜测生词的意思。	3	
1.4 词汇和概念的发展：利用前缀、后缀来分析复杂的词汇。	1	
1.5 词汇和概念的发展：利用辞典来认识词汇与概念之间的关系。	1	
1.6 词汇和概念的发展：辨别多义词。	5	
2.0 阅读理解：能阅读和理解适合本年级的材料，能运用各种阅读理解的策略。	15	20
2.1 材料的结构特征：例如比较和对照、因果、时间顺序、论题论据等。	1	

① STAR&CST Blueprint－standardized Testing and Reporting [EB/OL]. [2008－05－02]. http://www.cde.ca.gov/ta/tg/sr/blueprints.asp.

续表

加州阅读内容标准	试题数	百分比（%）
2.2 按照不同目的选取合适的策略	NA *	
2.3 运用先前信息猜测和确认后面的信息	2	
2.4 用已知信息来验证假设	3	
2.5 阅读几篇类似的文章来分析同一个主题	3	
2.6 区分因果	3	
2.7 利用操作手册行动	3	
3.0 文学阅读与分析：学生阅读各种儿童文学作品，去发现文学的各种特征等。	9	12
3.1 文学的结构特征	1	
3.2 确定故事的梗概、起因、情节等	2	
3.3 在特定情境中的行为特征	1	
3.4 在不同的文化背景中发现共同点	2	
3.5 定义描述性的语言，例如微笑、暗喻等	3	

*：完整的英语测验还包括写作，有 33 个题目，占 44%。表中“NA”表示不评价。

表 5　加州标准成就测验中的英语成就水平与分数①

年　级	远低于合格 Far Below Basic	接近合格 Below Basic	合　格 Basic	精　通 Proficient	优　异 Advanced
2	150～261	262～299	300～349	350～401	402～600
3	150～258	259～299	300～349	350～401	402～600
4	150～268	269～299	300～349	350～392	393～600
5	150～270	271～299	300～349	350～394	395～600
6	150～267	268～299	300～349	350～393	394～600
7	150～262	263～299	300～349	350～400	401～600
8	150～265	266～299	300～349	350～394	395～600

① STAR&CST Blueprint－standardized Testing and Reporting［EB/OL］．［2008－05－02］．http://www. cde. ca. gov/ta/tg/sr/blueprints. asp.

续表

年　级	远低于合格 Far Below Basic	接近合格 Below Basic	合　格 Basic	精　通 Proficient	优　异 Advanced
9	150～264	265～299	300～349	350～396	397～600
10	150～262	263～299	300～349	350～391	392～600
11	150～258	259～299	300～349	350～395	396～600

2. 加州学业成就测验信息的报告和利用

加州学业成就测验结果的报告，有一个事先制定的严格而又明确的时间表（表6）。按照学生所得的分数以及标准中规定的成就水平，沿着既定的时间表，采用新闻发布、网上公布等方式向公众、学校和学生报告测验结果。就单个学生或者总的一项测验的结果报告是以州教育董事会认证的成绩水平来进行的，即按照优异、精通、合格、接近合格和远低于合格等五个水平汇总的，在具体的应用中也会用150～600之间的分数来说明测验结果（表5）。就理想状态而言，加州希望所有的学生都能达到精通以上的水平。

在学业成就测验结果的报告之后是对学业成就测验结果的利用。最主要的运用场合是运用到对学校的评价和问责，结合STAR的分数表现、辍学率、出席率等评估学校的年度表现，将学校和学区加以分类。对学校和学区的评估结果分为：模范、受认可、成就可接受和成就不被接受等四个层次。同时测验的结果也是学校绩效责任报告卡的重要内容。学校绩效责任报告卡包括学区任务与宗旨、学生成就资料、学生出席率、教师评价等15个方面的信息。看似很庞杂，但是学校绩效责任报告卡的版面设计和内容陈述都很简洁，易于大家理解和接受这些信息并对学校教育做出改进①。就问责而言，除了对达到较高水平的学校、教师和学生进行奖励——如增加办学经费、提供带薪学术假、授予各种荣誉称号等之外，对成绩不达标的学校施以警告，对连续三年不合格的学校，州教育部甚至可以将学校解散重组。

另外，STAR主要报告的是学生在特定年级和州内容标准上的表现，随着总结性结果的上传，随之而来会有各种研究报告——主要是根据参加各具体年级和水平的考试的人数、平均分数、学生在各个表现水平上的人数、学生的经济背景和语言程度对学生的测验结果做出分析，尤其是体现在学生个

① California Sate Department of Eduaction. School Accountbility report card: San Bentino Elementary School [EB/OL]. (2001) [2008-04-18]. http://www. atas. k12. ca. us/acctreportcards/sb99-00. html.

人的成绩报告卡上，其报告形式一部分类似于表 7，人们可以一目了然地了解学生的具体情况。

表 6　STAR 项目结果报告时间表①

2007/7	向家长报告 STAR 的结果
2007/8	以加州 STAR 项目网站为基础向公众解释测验结果
2007/8/8	STAR 向学校和学区开放
2007/8/14	STAR 将结果向媒体公布
2007/8/15	州公共教学新闻办公室督学向媒体召开新闻发布会
	将有关新闻向媒体、学校、学区以及地方教育部门发布
	将 STAR 项目针对学校、学区以及地方教育部门得出的结果公布在 http：//star. cde. ca. gov 上
2007/9/17	更新 STAR 项目对学校、学区等所得出的结果
2007/11	在网络上公布最后的结果，包括 8、9 月份的各种数据

表 7　学生测验成绩报告单内容举例②

测验内容	标准分数	全国百分位数	等级	测验内容分项内容	题目数	必答数	正确完成率	国内正确率
词汇	175	40	31	词汇	29	29	45	69
阅读理解	198	62	71	事实解释	17	17	76	61
阅读总分	185	50	50	推理和解读	12	12	83	61
单词分析	172	40	31	分析和概括	8	8	50	48
听力	196	62	71	语音意识和解码	11	11	82	71
拼写	183	34	23	单词辨认	24	24	50	67
标点	148	45	36	字面意思	16	16	81	74
语文总分	184	56	55	推理理解	15	15	80	65

① The California Department of Education. Explaining 2007 STAR Internet Reports to the Public [R]. 2007.

② Mary Brown. Grade 7 Individual Test Record [EB/OL]. [2005－03－25]. http：//www. ctb. com/products/product _ detail. jsp.

续表

测验内容	标准分数	全国百分位数	等级	测验内容分项内容	题目数	必答数	正确完成率	国内正确率
概念和估算	179	67	80	词根	21	21	62	80
解题数据分析	188	23	18	正确的拼写	3	3	100	85
				名字和名称	4	4	75	75
数学总分	182	24	19	日期和假日	4	4	75	76
社会研究	187	46	34	书写规范	5	5	20	56
科学	183	59	57	……				
综合分数	184	50	49					

结　语

本研究到此算是告一段落了，但是准确地说还是不完整的（说是比较研究，也只是研究了一些英语国家的一部分情况），也是存在很多遗憾的。因为很多问题还来不及深入思考，在本研究中暂时也没有反映出来，只能留待同行们与自己继续探索，这些问题主要是：

第一，基于课程标准的具体评价技术问题。基于课程标准的学业成就评价是一项带有浓厚技术要求的专业实践活动，其中涉及如何准确地、技术上可靠地、又容易被理解地方便地收集评价信息的问题，如何准确地分析和处理所收集到的评价信息，并能够把这些信息准确有效地反馈给不同的需求对象，并促进学生的学习和教育质量的提高。在这些方面，美国的国家教育进展评估和英国的课程与资格局以及课程、评价与管理中心等都做出了卓有成效的探索，可资我们借鉴。

第二，我们对大规模评价本身的定位问题。我们总是希望评价能够给学生和有关教育当局带来有用的东西，也就是说它应该能够支持学生的学习，而不是给他们带来灾难，让他们淹没在各种考试当中。我们应该不断的从认知科学、测量学、统计学、计算机技术等方面为学生的学业评价提供养分，摆脱标准化测验带来的负面影响。我们需要积极思考，大规模的学业评价或检测到底会给教育领域带来什么？（附录里给大家提供了一份延伸阅读的材料，读者们可以一笑而过或者细细品味）

第三，基于课程标准的学业成就评价不是孤立的。要完成基于课程标准的学业成就评价这一浩大的工程，不是单个的教师或者研究人员能够完成的。它需要一支专业的研究队伍与广大教师和实际教育工作者以及那些关心教育的社会各界人士一起沟通交流，并且在教育行政的层面不断落实政策，才能真正地实现增能减负的预期目标。

附　录

支持学习的大规模评估：它将带来什么？[①]

大规模评估能够而且应该支持学习。要实现这个，需明确思维和学习的潜在构念和影响因素，这些是评估的重要对象。本文描述了学业成就测验中长期存在的构念问题，并认为认知科学、测量学、信息技术等领域的当前研究为学习评估的进步提供了时机。然而，设计新的情境以抓住学习的复杂性需要摆脱标准化测验的现状，还需要评价者在学科内容、学习和评估之间持久不变的合作努力。

课堂教学和大规模评估能帮助学生更好地学习，它们为学生、教师和其他教育工作支持者提供了清晰自然的学生学业成就和学习过程的信息。

教育绩效开始成为焦点，正如曾经提到的，大规模评估不仅是考核学习，更是要促进学生学习。政策制定者、教育者、公众都期盼大规模评估能提供广泛的用途，包括测试学生的学习、监控教育系统的责任、为学生和教师设定有用的导向目标及为教学决策提供有用的反馈。

大规模评估能否达到加诸于它的这些要求？评估能否做到既测试学生的学习，又促进学生的学习？如果能，为什么在这点上几乎没有进步？我们假设大规模评估能够并且应该为学习提供更多的支持。但是要实现这个目标，教育领导者需要反思美国当前的大规模评估实践中一些基础的假设、价值观和信念问题。我们能获得用来支持改变的知识，只是我们未曾着手。

我们基于这样的假设，即我们相信大规模评估背后所隐藏的构念（underlying constructs）的不确定正是阻止它前进的最大障碍。构念指的是学习和思维的能力或特质（例如知识技能的一部分），这是评估的对象。当代对于学习和思维的研究也阐明了重要的构念——学生如何组织知识，如何解决问题，如何使用策略和自我监控技能以及他们在小组合作中的个人贡献——

---

① 本文编译自朋友复印给我的一篇英文材料，上面没有标明作者和出处，在网上也没能找到原文，所以没能请作者授权，在此对佚名的作者深表感谢。

应该成为评估的对象，但是它们还未被纳入实际评估过程。揭开具体学科领域学习的重要构念，开发关注构念的评价，需要各学科之间的相互配合，并回答学校学业成就评价设计开发中的基本问题，这些问题如下。

学生最需要掌握的是哪些知识技能？

在每门学科中，哪些表现能区分出新手、胜任者和专家学习者？

在每门学科中，有哪些核心内容是学生必须掌握后才能达到更高水平的理解？

在每门学科中，有哪些内容是可以早点确认并在教学中做出修正的难点和易误解概念？

一、学业成就测验中的构念问题

评估背后所隐藏的构念的不明晰和理论基础的匮乏正是早期测量学和学习理论的副产品。在 20 世纪初，为了把学生分类来进行更有效的教学，评估一般智力和具体学习能力倾向的技术开始发展。那时的评估技术基于这样的假设——个体学习能力倾向分为一般因素和特殊因素（特殊因素有些人多一点，有些人少一点），学习能力倾向影响学生在不同情境学习不同内容的表现。虽然当时像学习能力倾向等构念的理论还很匮乏，评估却已经基于这些理论假设来区分个体。

评估需要在构念的界定和操作之间建立一种平衡。虽然评估效度在实践中得到体现，但是理论上却并非如此。因为构念效度很难去描述，效度更多的还是关注准则效度和预测效度。例如，SAT，学术能力倾向测试，被广泛地应用于大学入学考试，因为该测试预测了被试人在大学里学习成功的可能性，而不是测量大学学习所需要的能力。

我们现在明白可操作化的定义是多余的，就像智力测验中对智力的定义。然而直到今天，主要的能力倾向测试，包括 SAT，还是遵循 20 世纪初的那些测量理论和学习理论。而这些能力倾向测试为学业成就评价树立了“榜样”。虽然学业成就评价测量的是阅读或数学的成就水平，而不是口头表达或数学的能力倾向，但是两者的基础假设却是一样，即学生在不同的情境下有相同或者相似的表现。学业成就评价采取的这种做法并不能评价学生对复杂学科内容的掌握状况。评价开始成为事实、程序、定义和其他离散的知识技能的汇总，测量意味着一个人比他的同伴知道的知识多点还是少点。

许多大规模评估继续定义学生学业成就的构念，他们声称这些构念能通过可操作化的形式来进行测量（比如构念被定义为考试内容和考试题目）。这与预先定义构念再根据能反映能力的知识和技能，选择能评价关键构念的内容和试题形成了对比。尽管在表现性评价上有所进步，但是许多大规模评价的确还是这样。现在许多州级学业成就评价使用结构化的反应型任务，它比传统的多选题需要更复杂的技能。然而这样的评价依旧缺乏清晰的理论基础和评价背后隐藏的构念来指导任务设计和选择、评分与结果的报告，这样的评价会丢失许多有关学生学习状况的潜在的大量信息。

Mosher 指出即使是被多数人认为是大规模评估中的金牌标准——NAEP 也没有对学科知识的结构投入足够的关注。他还指出，NAEP 测量的一些项目是混淆的构念的组合，而这些构念的组合本应该被分类。

二、进步的机遇

过去的几十年，数个领域都有进步。总的来说，它们为发展有构念效度的学业成就评价奠定了基础，因为它们更好地反映了当前对复杂学习的理解以及学业成就的标准。

1. 内容标准

事实上，每个州现在都设有内容标准，规定在核心课程中学生应该知道什么，和做到什么。标准反映了评价中该关注的能力。然而，这些内容标准往往缺乏目的性。多数的州级内容标准过于含糊而对教学和评价没有帮助。有些内容标准要求学生学习大量的内容而不是对某一学科的核心内容有深入的探讨，有些内容标准过于冗余以致抓不住重点。

近来，五个国际教育机构召集 commission on instructionally supportive assessment，评价、课程和教学方面的专家，来为州级学业成就评价提建议。他们提议，州级学业成就评价不该只是满足公众对教育绩效的要求，还应该用来促进教学。在“Building Tests to Support Instruction and Accountability”这份报告中，委员会的头两条建议十分清楚地指出了标准在支持用以指导教学的评价方面存在局限性。首先，他们指出，一个州的内容标准应该能够支持有效教学和评价。但是教学时间的有限，使得教师的教学难以覆盖所有的内容标准。另外，州级考试也不能考核所有的内容标准，因此他们转向测试那些容易的内容。第二，委员会指出，州级内容标准应该清晰，学生需要掌握的知识、技能能够清楚地展现。这反映了许多内容标准的描述对教学计划和评价设计没有起到很好的指导作用。而认知和学习方面的研究会对这些方面有所帮助。

2. 思维和学习科学的进步

NRC（2001）召集的另一专家组开始关注认知科学和测量学以求促进评价。在委员会的报告“knowing what students know：the science and design of educational assessment”中指出，我们已经获得有关学生如何思考和学习具体学科的一系列科学知识。然而大多数我们所知道的知识还没有被应用到大规模评估中来。报告指出，拟评价的构念需要在认知和学习的模型中来界定。这样的模型指出了学生学业成就最重要的特质。

例如，基于学习模型的评价设计所要包含的一些重要特征包括以下几项。

> 基于学生在学科中的学习经验；
>
> 确认能区分不同表现等级的任务；
>
> 提供一种发展性的视角，描述从新手到能胜任到专家水平的不同表现，兼顾表现性评价；
>
> 允许学生以不同的方式来理解学科知识；
>
> 抓住学生如何思考和学习的一些知识，掌握人们如何学习的一种理论，评价的设计者需要在众多理论中选择一种；
>
> 以不同的组合达成不同的评价目的。

在认知和学习方面的研究提供了具体领域学习的具体特征，这可以为评价设计打下基础，尤其是为数学和自然学科的评价。当然这还需要展开更多的研究。现有的文献包含了各种专家所写的有关学生思考的文章。这些专家有教师，课程开发者，心理学家和教育研究者，他们各持不同的研究目的，因此存在那么多有关思考的维度：一些高度细节化，另一些粗化；一些关注过程操作；另一些强调内容理解；一些关注学习的个体特征；另一些强调学习的社会本质。关于学习的不同理论不应该被看做是相对的，即使它们关注相同的内容。另外，这些不同理论描述也可以整合到一起来完整描绘学生的能力，这有助于达到特殊评价的目的。

3. 测量方法的进步

现有的测量学方法（心理测验学方法）常因为限制了大规模评估而备受争议，这主要是因为，这样的方法总与把个体等级化的测验联系在一起。但是许多测量专家指出，问题并不完全在于测量学模型，而在于过时的有关学习和观察的概念，而这些概念蕴藏于广泛使用的评价之中。这再次回到我们先前讨论的构念问题。

正如 NRC（2001）报告中所指出的，大多数的测量模型都是可用的。利用这些模型，我们有可能做到：根据学生的多方面表现来区分学生的学业成就而不是简单的分数；呈现学生在一段时间内的进步过程而不仅仅是测量静态的某一时刻的表现；对表现性任务有多种处理方式；不仅呈现个人表现水平，还能呈现小组、班级、学校和州的表现水平。

很多方法没有得以推广使用，因为它们并不易于理解或者不易于实施。另外，有多种模型并不意味着测量问题就能得以解决，还应该关注心理测量学在学业成就关键特征方面的模型建构，也就是那些我们想要评价的东西。这样，我们又一次发现构念需要首先被明确。

4. 技术的角色

信息技术，如计算机，帮助我们克服了一些限制，那些限制过去阻碍了评价的实践。信息技术也拓展了可被评价的构念的种类。通过多媒体、交互活动、对刺激的控制，我们可以丰富评价情境，这使得我们比过去能评价更多的构念。信息技术提供的新的评价能力包括直接评价问题解决技能，对学习者的问题解决步骤进行可视化的观察以及构建复杂的推理任务。信息技术也使得收集学生在内容组织方面和其他知识构念以及他们在社会性交互讨论和任务中的数据成为可能。

总的来说，认知、测量学和信息技术方面的进步都能促进发展有用且有效度的评价。事实上，一些评价工具已经具备了这些优势，尤其是课堂教学形成性评价的工具。例如，智能辅教系统在代数和物理方面为学生提供了自主教学并伴有评价。当学生在学习过程中遇到困难时，计算机系统就能辨认出来，并提供建议和修正。但是要获得大规模评估的好处，还需要找到学生理解力的本质。一个主要的问题是现在大规模评估的进步很小。

三、认知科学、测量学和信息技术方面的进步对课堂评价实践的启示

以下是概要的启示，详细讨论见 NRC (2001)。

为学生提供有关他们任务表现的信息以及改进的信息。

在教室里，认知和学习理论将对教师有帮助，帮助教师了解从新手到胜任者的过程，以便清楚知道每一阶段教学的重点。

学生在有效的课堂教学评价中扮演重要角色。他们要学会询问问题，反思自己的学习。教师要采用认知和学习模型来教学，并将学习模型传达给学生，以方便学生监控自己的学习。

课堂教学的有效评价取决于专业实践的积累。教师需要职前培训和专业发展来理解学生是如何学习的，并帮助学生建立学习模型。这样他们能确定学生最初的理解和复杂的理解。

教师不需要自己开发所有的评价工具。复杂的认知理论和测量模型可以渗入教学作为课堂评价。未来的目标是为教师提供方便、简捷、高质量的评价工具。

大规模评估的交互性方法

设计大规模评估是为了满足一定的目的，包括：提供个体或组间可信的、可对比的分数；在有限的时间内对课程标准进行大范围抽样；提供经济

实惠的评价开发、评分和管理。为了达到这些要求，设计者开发的评价总是给定具体的时间，所有的学生在严格的标准条件下参加同样的考试，采用纸笔测试。学生能够快速作答，并且评分将是可信的和有效的。一般，考察的都是能够评价的内容，那些不能被观察到的就不会被评价。设计新的情境以抓住认知和学习的复杂性需要摆脱标准化测验的现状，探索交互性的大规模评估。

四、抽样考试 VS 普查考试

如果评价的主要目的是评价项目，那么学生个人成绩的可信度的限制可以降低，抽样也就有用了。抽考可以代替普考（所有的学生都参加考试），不同的学生参加更大规模评价的不同部分，而结果可加以整合来获得学生学业成就的一张完整图。最著名的例子就是 NAEP，这是全国范围的调查，为政策制定者和公众提供学生的学业成就信息，全美国的四、八、十二年级都要接受九个学科的考察，这比任何一个单一的课程评价的覆盖面都要大。NAEP 的挑战是达到全美共同认可的学习目标。NAEP 的测验设计可以采用矩阵抽样设计。

Maryland 是少数几个放弃个人成绩来使评价促进项目这个作用达到最优化的州。近十年，Maryland 采用抽样的方法（每个学生参加 1/3 的测试，这些测试包括一系列的表现性任务，如论文、科学实验报告、开放性数学问题），这样，学生个人的结果报告就不能完整反映他的表现。这种评价所能获得的是项目评价，比传统的标准测试涵盖更多的学习目标。不幸的是，州级领导最近申明他们要摒弃表现性任务，取而代之的是更传统的、有更多的多选题的普考。推进 Maryland 课程进步的是新的联邦教育法，它要求得到个人成绩、更多的等级水平和快速的考试结果转换。

五、嵌入式评价

如果学生需要详细的个人评价信息，那么评价设计更多的会体现学科领域内的学习内容。课堂任务的表现（这也叫做课程嵌入式评价）可以用来补充从考试中获取的信息。虽然现在嵌入式评价很少在大规模评估中用到，但是它还是可以为制定评价政策提供评价目的方面的指导。

课程嵌入式评价提供了额外的好处。在随选考试中，学生面临的任务指向他们的水平，而不是和他们个人受教育的经验联系在一起。这就会降低学生的情境水平。如果评价的目的是想知道学生是否能利用他们在学校所获得的知识技能来解决问题，那么这种不考虑学生的受教育经验的随选考试是不公平的。考试应该抓住学生学习的机会来提供有价值的学习证据。在希望维持课程、评价和实际教学的一致性的情况下，课程嵌入式评价是相对于随选考试的可选对策。

承认在其他学校的学分和室内艺术高级课程档案袋评价是对个人能力评价的一个案例，它与学生的实际教学经验紧密联系。学生在学习过程中的任务表现都被收集到档案记录袋中，然后由艺术家和教师来评价。而教学目标和评价标准在学生的表现接受评价之前就已经很明确了。不计其数的记录进入档案记录袋，保证了评价过程的公正性。因此，采用课程嵌入式评价的方法，学生在学习室内艺术高级课程时能够收集丰富的学生工作的样本。它也能用标准的方法进行总结性评价。当然，需要提出的是，一些州在试图实施档案袋评价的过程中遭遇了困难。因此，当有可代替随选考试的时候，我们又发现了新的实施挑战。

六、技术支持的评价：可能性展望

当学生的学习评价成为教学的一部分，将会发生什么事情？考虑用技术促进教学和学生学习评价的整合，这是很吸引人并且有用的。未来，大规模的评估可能不再这么重要，因为有关学生的信息都可以从课堂内外获取了。技术可以提供学生在参与学习活动时所思考的和所推论的一系列复杂数据。评价的信息可以从中获取，这些信息支持课堂评价和外部评价，并为学生提供反馈。

这样的转变就像世界上的零售业从小生意到超市，再到自选商店。这些生意不再需要一年内停业一两次来查看他们存货的详细目录。并且，所有的货物都有了自动化的清单和条形码，随时可以访问到所有的数据，并用来监控货物流通。生意不会被打断，信息也更丰富，并且可以通过数据的计算来查看趋势。相似地，运用新的评估技术，学校的日常教学进程不会再被每年的外部考试所打断，能够空出很多以往为了准备这样的考试所花费的时间。

七、结 论

这样一种支持学习的大规模评估，能够描绘一幅有关学生学业掌握情况的有效图，设定有价值的教育目标，提供有效的教学反馈。开发这样一种大规模评估，我们需要深刻反思大规模评估评的应该是什么。更好地界定学业成就测试的构念的时机已经来了——认知科学的进步区分了在具体学科领域从新手到专家过程中学习者的不同特点；测量学和技术的进步拓展了收集数据的能力和解释学生表现的能力。

最近重新批准的 ESEA 法，强调设立高的学术标准，测量学生在这些标准上的达到程度，强调教育目标的明确性和关注点。然而不幸的是，新法案很快就在三至八年级进行了数学和阅读的普考，引发了一些危险。当然，各州很有可能就会放弃开发新评估的努力，再次返回到传统的评估方式。但是已经证明传统的评估方法不能有效地支持学习，并且也不符合 ESEA 的目标。幸好，教育领导者会接受 ESEA 的理念和操作上的挑战。这包括他们认同促进大规模评估所需要的调查时间和资源。

参 考 文 献

一、中文部分

[1] 艾伦·奥恩斯坦，等. 课程：基础、原理和问题[M]. 柯森，主译. 南京：江苏教育出版社，2002.

[2] 澳大利亚课程标准[M]. 丛立新，章燕，译. 北京：人民教育出版社，2005：163－164.

[3] 陈玉琨. 教育评价学[M]. 北京：人民教育出版社，1999：7.

[4] 陈玉琨，沈玉顺，代蕊华，等. 课程改革与课程评价[M]. 北京：教育科学出版社，2001.

[5] 陈霞. 英国现行国家课程标准的特征及启示[J]. 课程·教材·教法，2003(6)：72－77.

[6] 崔允漷. 我国学生学业成就评价范式亟待转型[N]. 中国教育报，2008－02－23(3).

[7] 崔允漷，夏雪梅. 基于标准的学业成就评价研究[J]. 课程·教材·教法，2007(2)：45－48.

[8] Diane Hart. 真实性评价——教师指导手册[M]. 国家基础教育课程改革“促进教师发展与学生成长的评价研究”项目组，译. 北京：中国轻工业出版社，2005.

[9] 冯大鸣. 美、英、澳教育管理前沿图景[M]. 北京：教育科学出版社，2004.

[10] Gary D. Borich，等. 中小学教育评价[M]. 国家基础教育课程改革“促进教师发展与学生成长的评价研究”项目组，译. 北京：中国轻工业出版社，2004.

[11] 黄嘉雄. 美国华盛顿州中小学课程标准化实施过程中之课程管理及其对台湾相关议题之启示. 第八届两岸三地课程专家论坛论文集[C]. 杭州：出版者不详，2006.

[12] 黄光扬. 教育测量与评价[M]. 上海：华东师范大学出版社，2002.

[13] James Popham. 测验的反思——对高利害测验的建议[M]. 国家基础教育课程改革“促进教师发展与学生成长的评价研究”项目组，译. 北京：中国轻工业出版社，2005.

[14] 柯森. 基础教育课程标准及其实施研究[D]. 上海：华东师范大学，2004.

[15] 拉尔夫·泰勒. 课程与教学的基本原理[M]. 施良方，译. 北京：人民教育出版社，1994.

[16] 雷·马歇尔和马克·塔克. 教育与国家财富：思考生存[M]. 顾建新，等，译. 北京：教育科学出版社，2002.

[17] 雷新勇. 大规模教育测验：命题与评价[M]. 上海：华东师范大学出版社，2007.

[18] 李秉德. 教学论[M]. 北京：人民教育出版社，1999.

[19] 李化德，李春茹. 教育考试立法问题研究[M]. 北京：法律出版社，2005.

[20] 李玉芝. 评价学业成就的方法[M]. 北京：光明日报出版社，1989：4.

[21] 罗美富,李季泽,章轲.英国绩效审计[M].北京:中国时代经济出版社,2005.
[22] 骆玲芳,崔允漷.学校课程规划与实施[M].上海:华东师范大学出版社,2007.
[23] 马歇尔 W.迈耶.绩效测量反思:超越平衡记分卡[M].姜文波,译.北京:机械工业出版社,2005.
[24] 迈克尔·富兰.教育变革新意义[M].3版.赵中建,陈霞,李敏,等,译.北京:教育科学出版社,2005.
[25] 美国教育研究会、心理学协会和教育测量学会.教育心理测试标准[M].燕娓琴,谢小庆,译.沈阳:沈阳出版社,1999.
[26] 邱白莉.当代美国中小学教育绩效责任探析[M].广州:中山大学出版社,2003.
[27] 瞿葆奎.教育学文集——教育评价[M].北京:人民教育出版社,1989.
[28] 全美数学教师理事会.美国学校数学课程与评价标准[M].人民教育出版社数学教研室,译.北京:人民教育出版社,1994.
[29] 全美数学教师理事会.美国学校数学教育的原则和标准[M].蔡金法,等,译.北京:人民教育出版社,2004:10,204.
[30] Richard J. Stiggins.促进学习的学生参与式课堂评价[M].促进教师专业发展与学生成长的评价研究项目组,译.北京:中国轻工业出版社,2005.
[31] 斯塔夫比姆,等.评估模型[M].苏锦丽,等,译.北京:北京大学出版社,2007.
[32] Walvood,等.等级评分——学习和评价的有效工具[M].国家基础教育课程改革"促进教师发展与学生成长的评价研究"项目组,译.北京:中国轻工业出版社,2004.
[33] 威廉·坎宁安,等.教育管理:基丁问题的方法[M].赵中建,主译.南京:江苏教育出版社,2002.
[34] 魏姝.政策中的制度逻辑——美国高等教育政策的制度逻辑[M].南京:南京大学出版社,2007.
[35] 吴青山,黄美芳,徐纬平.教育绩效责任研究[M].北京:九洲出版社,2006.
[36] 许明,胡晓莺.美国基础教育课程标准述评[J].教育研究,2002(3):78-83.
[37] 约翰·E.丘伯,泰力·M.默.政治、市场和学校[M].蒋衡,等,译.北京:教育科学出版社,2003.
[38] 中华人民共和国教育部.基础教育课程改革纲要(试行)[EB/OL].(2001-06-07)[2009-01-01].http://www.moe.edu.cn/edoas/websitel8/1evel3.jsp? tablename=1162&infoid=732 2001
[39] 中华人民共和国教育部.全日制义务教育地理课程标准(实验稿)[M].北京:北京师范大学出版社,2001.
[40] 中华人民共和国教育部.历史与社会课程标准(二)[M].北京:北京师范大学出版社,2001.
[41] 中华人民共和国教育部.全日制义务教育数学课程标准(实验稿)[M].北京:北京师范大学出版社,2001.
[42] 中华人民共和国教育部.全日制义务教育英语课程标准(实验稿)[M].北京:北京师范大学出版社,2001.
[43] 中华人民共和国教育部.全日制义务教育、普通高级中学英语课程标准(实验稿)[M].

北京:北京师范大学出版社,2001.
[44] 钟启泉,崔允漷.新课程的理念与创新:师范生读本[M].北京:高等教育出版社,2003.
[45] 钟启泉,崔允漷,吴刚平.普通高中新课程方案导读[M].上海:华东师范大学出版社,2004.
[46] 周红.美国国家教育进展评估(NAEP)体系的产生与发展[J].外国教育研究,2005(2):77-80.
[47] 朱伟强.基于标准的体育课程设计[D].上海:华东师范大学,2007.

二、英文部分

[1] Academic Content Standards:Literacy read and number[EB/OL].[2007-08-11].http://www.ode.state.oh.us/GD/Templates/Pages/ODE/ODEPrimary.aspx? Page=2& TopiclD=7&Topic RelationlD=305.
[2] American Federation of Teachers. Making Standards Matter 2001:A fifty-state report one fforts to implement a standards-based system[R]. Washington,DC,AFT.,2001.
[3] Ami N Sundar. Changed assessment, changed focus in curriculum delivery: what do teaching staff have to say? [C]HERDSA annual international conference, Melbourne, 1999,7:12-15.
[4] Bill Clark. Standards-based Assessment Within A Standards-based Education System: literature review[R]. Canada:Ministry of Education British Columbia,2002:29.
[5] Black,P&Wiliam,D. Inside the Black Box:raising standards through classroom asse ssment[M]. London:King'S College,1998.
[6] Caroline V Gipps. Beyond Testing:towards a theory of educational assessment[M]. The Falmer Press,1994:158.
[7] Castro. The Challenge of Quality and Equity[EB/OL].[2008-03-22]. http://sustsci.harvad.edu/keydocs/fulltext/brazilsci/chap01.pdf.
[8] Cavazos, L. F. Emphasizing Performance Goals and High-Quality Education for All Students[J]. Phi Delta Kappan Magazine,2002(83):690-697.
[9] Cheny A. McGee Banks. The Challenge of National Standards in a Multicultural Society [J]. Educational Horizons,1997,Spring:126-132..
[10] Childs, Ruth A. &Andrew P. Jaciw. Matrix sampling of items in large-scale assessments[J]. Practical Assessment, Research&Evaluation,2003(8):16.
[11] Consortium for Policy Research in Education. State assessment and accountability syst ems:50state profiles[EB/OL].(2001)[2007-10-24]. http://www.gse.upenn.edu/cpre/docs/pubs/ profiles.html.
[12] Crombie A. Cinderella-four years on. Paper presented to the Adult Learners Week Conference[N]. Adult and Community Education,1995.
[13] Cronbach,L. J.,Linn,R. L.,Brennan,R. L. &Haertel,E. Generalizability analysis for educational assessments[J]. Evaluation Comment,1995.
[14] Curriculum Corporation. Literacy Benchmarks Years3,5&7[EB/OL].(2000)[2008-

01—03]. http://online. curriculum. edu. au/litbench/build. asp? pg=1.

[15] Davies, A. Making Classroom Assessment Work[M]. Connections Publishing, Merville. BC Canada, 2002:12.

[16] Don Burger. Developing a Sustainable standards-based Assessment System[M]. National education association, Washington, DC. , 1998.

[17] Elliot E. J. &Ysseldyke, J. What about assessment and accountability? [J]. Teacher Exceptional Children, 1998:20—27.

[18] Educational Measurement and School Accountability Directorate[EB/OL]. (2007—01—10)[2008—01—18]. http://www. det. nsw. edu. au/directorates/schoimpro/EMD/bst_publications. htm.

[19] Education Quality and Accountability Office. The Grade 3,6 and 9 Provincial Report, 2004—2005: English—Language Schools[DB/OL]. [2008—01—11]. http://www. eqao. com/pdf_e/05/05P026e. pdf.

[20] Education Quality and Accountability Office. Ensuring Quality Assessments Enhancem ents to EQAO'S Assessment Program[EB/OL]. [2008—01—08]. http://www. eqao. com/pdf_e/04/04p027e. pdf.

[21] Education Week On The Web. Quality Counts 2001—A Better Balance[EB/OL]. [2007—05—08]. http://www. edsxcellence. net/library/soss2000/2000soss. html.

[22] Gao, X. , Shavelson, R. J. &Baxter, G P. Generalizability of large—scale performance assessments in science: Promises and problems[J]. Applied Measurement in Education, 1994(7):323—342.

[23] George Cooney. Review of Statewide Assessment in the context of National Developments[DB/OL]. [2007—10—08]. http://www. det. nsw. edu. au/media/downloads/dethome/yr2007/cooneyreviewfll. pdf.

[24] Goodman, R. H&Zimmerman, W. G. Thinking Differently: Recommendations for 21 Century School Board/Superintendent Leadership, Governance and Team for High Student Achievement, NESDC[EB/OL]. [2007—12—27]. http://www. aft. org/edissues/standards/MSM2001/index. htm.

[25] Grete Houston and Jeannie Oaks. Opportunity to examining and Conception of Education Equality[J]. Educational Evaluation and PolicyAnalysis, 1995(17):323—336.

[26] Haertel, E. H. &Linn, R. L. Comparability in Technical issues in large—scale performance assessment[R]. West Educational laboratory, 1996:59—78.

[27] Hall, C, National Certificate of Educational Achievement: issues of reliability validity and manageability[J]. New Zealand Annual Review of Education, 1999(9):173—196.

[28] lEA. TIMSS &TIMMS—R[EB/OL]. [2007—12—29]. http://www. timms. bc. edu.

[29] Jan Chappuis, Stephen Chappuis. Understanding School Assessment[M]. Assessment Training Institute, Poterland, OR, 2002:17—18.

[30] Joftus & Berman. Great Expectations: Defining& Assessing Rigor in State Standards for Mathematics, English Language Arts[M]. Washington, DC: Council for Basic Edu-

cation, 1998.

[31] Kathleen B. Comfort. Mark Wilson. Research in Standards－based Science Assessment [M]. WestEd, San Francisco, CA, 2005.

[32] Kentucky Department of Education. KIRIS accountability cycle 2 technical manual[R]. Frankfurt, KY, 1997: Author.

[33] Kim ONeill, Kendyll Stansbury. Develeping a Standards－Based Assessment System: A Handbook[R]. WestEd, San Francisco: CA, 2000: 2.

[34] La Marca, Paul M. Alignment of standards and assessments as an accountability criterion. Practical Assessment[J]. Research&Evaluation, 2001(7): 21.

[35] Laurie Brady and Kerry Kennedy. Celebrating Student Achievement[M]. Peardon Education Australia, 2009.

[36] Lawrence M. Rudner, William D. Schafer. What teachers need to know about assessment[M]. NEA, 2002: 63.

[37] Linn, R. &Herman, J. L. A policy maker's guide to standards－led assessment[M]. Denver, CO: Education Commission of the States, 1997.

[38] Locke, T. Standards－based assessment in English: stage 3[J]. Waikato Journal of Education, 1999(5): 13－31.

[39] Lynn Clark. The Standards Just a Cliek Away[EB/OL]. [2007－12－28].. http://www. findartiele. eomlef－dlslm. OSTR/78055168/Pl/artiele. jhtml.

[40] Maizano, R. , Kendall, J. A Wash in The Standards[EB/OL]. [2007－12－28]. http://www. mcrel. org/standards/articles/awash. asp.

[41] Martinez, M. E. Cognition and the question of test item format. [J]. Educational Psychologist, 1999(34): 207－218.

[42] Marzaro, R. &Kendall. Curriculum Frameworks[J]. NASSP Bulletin, 1997, 81: 590.

[43] Massachusetts Department of Education. The Massachusetts Comprehensive Assessment System: 1999[R]. MCAS technical report. Malden, MA, 2000: Author.

[44] MCEETYA. Measurement Framework for National Key Performance Measures[DB/OL]. (2007－05)[2008－01－12]. www. curriculum. edu. au/verve/_resources/2005_Measurement_Framewor_Final. pdf.

[45] MCEETYA. National Assessment Program. [EB/OL]. (2007－12－28)[2009－03－02]. http://www. curriculum. edu. au/mceetya/national_assessment_program_(nap), 16358. html.

[46] MCEETYA. National Report on Schooling in Australia[EB/OL]. [2008－01－03]. http://cms. curriculum. edu. au/anr2005/index. htm.

[47] Ministry of Education. The Ontario Curriculum Grades 1－8: Language, 2006(revised) [EB/OL]. [2008－01－02]. http://www. edu. gov. on. ca/eng/curriculum/elementary/languagel8curb. pdf.

[48] Ministry of Education. The Ontario Curriculum Grades 1－8: Mathematics, , 2005(revised)[DB/OL]. [2008－01－12]. http://www. edu. gov. on. ca/eng/curriculum/ele-

mentary/math 18curr. pdf.

[49] MONTANA STANDARDS FOR MATHEMATICS[DB/OL]. [2007－12－11]. http://opi. mt. gov/pdf/Standards/ContStds－Math. pdf.

[50] National center for History inSchools. National standards for history [EB/OL] [2007－11－18]. http://www. sscnet. ucla. edu/nchs/standards.

[51] New Zealand Qualification Authority. Learning and Assessment: A Guide to assessment for the National Qualification Framework. [R]. New Zealand Qualification Authority,2001:111.

[52] New Zealand Qualifications Authority, Standards－based Assessment in The Senior Secondary School: a research synthesis[R]. New Zealand Qualifications Authority, 2005:23.

[53] NIEGFPM. Policy Brief: What the TIMMS Means for Systemic School Improvement [EB/OL]. [2007－11－16]. http://www. ed. gov/TIMMS.

[54] NSW Board of Studies. About the Board. [EB/OL]. [2008－04－08]. http://www. boardofst udies. nsw. edu. au/contacts/.

[55] Ohio Department of Education,Center for Curriculum,Assessment and Instruction. Ohio Comprehensive Assessment System[EB/OL]. [2008－01－08]. http://ims. ode. state. oh. us/ODE/IMS/Assessment/FAQ/ohio_comprehensive_system. asp.

[56] Ohio Department of Education Office of Assessment. Ohio Statewide Testing Program Rules Book[EB/OL]. (2007－02－08)[2008－02－02]. http://www. ode. state. oh. us/GD/Templates/Pages/ODE/ODEDetail. aspx? page = 3&TopicRelationlD = 1327&ContentlD = 19379&Content=41634.

[57] Peddie,R. Beyond the Norm? An Introduction to Standards－based Assessment[M]. New Zealand Qualification Authority,1992.

[58] Popham, W. J. Circumventing the high costs of authentic assessment[J]. Phi Delta Kappan,1993(7):470－473.

[59] Porter A. C. &Smithson J. Are content standards being implemented in the classroom? A methodology and some tentative answers[M] //S. H. Fuhrman(Ed). From the capital to the classroom: Standards－based Assessment reform in the states. Chicago: the university of Chicago press,2001.

[60] Preece & Skinner. The national assessment in science at Key Stage 3 in England and Wales and its impact on teaching and learning[R]. Assessment in Education,1999(1): 11－25.

[61] Qualification and Curriculum Authority. National curriculum assessment Regulatory framework Key stages 1－3[M]. The Qualification and Curriculum Authority,2006.

[62] Reading Framework for the 2007 National Assessment of Educational Progress[Z]. Quality assurance in marking[EB/OL]. [2008－01－14]. http://www. eqao. com/Educators/Eleme ntary/036/QA-Marking. aspx? Lang = E&gr = 036&Aud = Educators&App = Educators&gb=true.

[63] Robert L. Linn & Norman E. Gronlund. Measurement and Assessment in Teaching [M]. Prentice-Hall, Inc., 2000: 68.

[64] Sass, R. E. & Wagner, G. A. Moderation Strategies for Achieving Consistency With Unit Standards-A Report to the New Zealand Qualification Authority[R]. the New Zealand Qualification Authority, 1992.

[65] Shoemaker, D. M. Principles and procedures of multiple matrix sampling (Technical-Rep. 34)[R]. Inglewood, CA: Southwest Regional Laboratory for Educational Research and Development, 1971.

[66] Standards-based Assessment Within A Standards-based Education System: literature review[R]. Ministry of Education British Columbia, Canada, 2003: 11-26.

后 记

这本小书写完了，看着它，很粗糙，但是也浸透着自己的汗水，同时也凝聚着同学的情谊。少非、伟强兄，柯政、志忠、文叶、珊云、刘辉、冬梅、东辉、雪梅等诸位同门，在写作过程中提供了诸多帮助。其中志忠、文叶、珊云、刘辉、冬梅分别在第二章第二节、第二章第三节、第三章第二节、第四章第二节、第五章第二节提供了他们的研究成果，没有他们支持本书难以实现。每当痛苦的时候，总是在大家一起聚会的时候获得放松与灵感。

崔允漷教授、刘剑虹研究员在我的学习过程中倾注了太多的关心和鼓励，师之教诲，犹历历在耳。生性比较愚笨，又懒于计划，为师者必多辛苦，于己则必然要自己上路，奋然前行。

也感谢李长吉教授的鼓励与鞭策，若不是李老师催着“债”，我也不会如此顺利地完成任务。

感谢教育科学出版社教师教育编辑部编辑们的严格而又积极的鼓励，他们同样为本书付出了大量的心血。如果书中还有一些问题，那是笔者需要进一步改进的地方。

最后，最重要的是我的家人，感谢他们为我这个甩手掌柜默默地付出了那么多。爱人来晶几年来不辞辛劳、两头奔波，实为不易；儿子童言童语，却不失震撼，让我时常感动。

2009 年 10 月

于珀斯

责任编辑　池春燕
版式设计　贾艳凤
责任校对　张　珍
责任印制　曲凤玲

图书在版编目（CIP）数据

基于课程标准的学业成就评价的比较研究/汪贤泽著. —北京：教育科学出版社，2010.7
（教学新探索丛书/裴娣娜，李长吉主编）
ISBN 978-7-5041-4889-6

Ⅰ.①基… Ⅱ.①汪… Ⅲ.①教育质量—教学评估—中小学—世界 Ⅳ.①G639.1

中国版本图书馆 CIP 数据核字（2010）第 085761 号

出版发行	教育科学出版社		
社　址	北京·朝阳区安慧北里安园甲 9 号	市场部电话	010－64989009
邮　编	100101	编辑部电话	010－64989441
传　真	010－64891796	网　址	http://www.esph.com.cn
经　销	各地新华书店		
制　作	北京大有图文信息有限公司		
印　刷	保定市中画美凯印刷有限公司	版　次	2010 年 7 月第 1 版
开　本	169 毫米×239 毫米　16 开	印　次	2010 年 7 月第 1 次印刷
印　张	11.5	印　数	1—5 000 册
字　数	204 千	定　价	23.00 元